„Wir müssen uns Sisyphos als
einen glücklichen Menschen vorstellen.“

(Albert Camus)

Michael Schmidt-Salomon

Manifest des evolutionären Humanismus

Plädoyer für eine zeitgemäße Leitkultur

Alibri

2005

Michael Schmidt-Salomon, Dr. phil., geboren 1967, Geschäftsführer der *Giordano Bruno Stiftung*. Zahlreiche Publikationen in religionskritischen und philosophischen Zeitschriften. Bei Alibri erschienen die Studie *Erkenntnis aus Engagement* (1999) sowie der Roman *Stollbergs Inferno* (2003). Weitere Informationen zum Autor unter: www.schmidt-salomon.de.

Alibri Verlag
www.alibri.de
Aschaffenburg
Mitglied in der Assoziation Linker Verlage (*aLiVe*)

1. Auflage 2005

Umschlaggestaltung: Claus Sterneck, Hanau
Druck und Verarbeitung: GuS Druck, Stuttgart

ISBN 3-86569-010-6

Inhalt

Einleitung

Wir leben in einer Zeit der Ungleichzeitigkeit: Während wir technologisch im 21. Jahrhundert stehen, sind unsere Weltbilder noch von Jahrtausende alten Legenden geprägt. Diese Kombination von höchstem technischen Know-how und naivstem Kinderglauben könnte auf Dauer fatale Konsequenzen haben. *Wir verhalten uns wie Fünfjährige, denen die Verantwortung über einen Jumbojet übertragen wurde.*

Eines der bedrückendsten Probleme der Gegenwart besteht darin, dass sich religiöse Fundamentalisten jeder Couleur in aller Selbstverständlichkeit der Früchte der Aufklärung (Meinungsfreiheit, Rechtsstaatlichkeit, Wissenschaft, Technologie) bedienen, um auf diese Weise zu verhindern, dass die Prinzipien der Aufklärung auf den Geltungsbereich ihrer eigenen Weltanschauung angewandt werden. So benutzten die Terroristen des „11. September" Flugzeuge, die nur dank wissenschaftlicher Erkenntnisse konstruiert werden konnten, um eine Weltanschauung zu stützen, die wissenschaftlichen Überprüfungen niemals standhalten würde. Im Gegenzug führte der „Fundamentalist mit anderen Mitteln", George W. Bush, die Welt in einen verheerenden „Kreuzzug" gegen „den Terror" und die „Achse des Bösen", wobei er sich einer Technologie bediente, die niemals entwickelt worden wäre, wenn sich die Wissenschaftler mit dem Kinderglauben des amerikanischen Präsidenten zufrieden gegeben hätten, dass der Schöpfungsbericht der Bibel wahr sei.[1]

Angesichts der Gefahren, die aus der Renaissance unaufgeklärten Denkens in einem technologisch hoch entwickelten Zeitalter erwachsen, ist es eine Pflicht der intellektuellen Redlichkeit, *Klartext* zu sprechen – gerade auch in Bezug auf Religion. Fest steht: Wer heute ein *logisch konsistentes* (= widerspruchsfreies), *mit empirischen Erkenntnissen übereinstimmendes* (= unserem systematischen Erfahrungswissen entsprechendes) und auch *ethisch tragfähiges Menschen- und Weltbild* entwickeln möchte, muss notwendigerweise auf die Ergebnisse der wissenschaftlichen Forschung zurückgreifen. Die traditionellen Religionen, die bislang das menschliche Selbstverständnis prägten, können diese Aufgabe nicht mehr erfüllen. Sie sind nicht nur hinreichend *theoretisch widerlegt*, sie haben sich auch in ihrer *Praxis als schlechte Ratgeber für die Menschheit* erwiesen, wie nicht zuletzt der islamische Fundamentalismus[2] oder die „Kriminalgeschichte" des Christentums[3] belegen.

Das vorliegende „Manifest des evolutionären Humanismus" wurde im Auftrag der *Giordano Bruno Stiftung*[4] verfasst. Es versucht, die Grundpositionen einer „zeitgemäßen Aufklärung" zu formulieren. Die Verbreitung des Manifests erfolgt in der Absicht, jene zu bestärken, die sich der *Leitkultur von Humanismus und Aufklärung* bereits verpflichtet fühlen, sowie in der Hoffnung, dass einige der hier dargelegten Argumente auch jene erreichen mögen, die heute noch meinen, ihre „Lebensgewissheiten" aus archaischen Mythen beziehen zu müssen...

Fundamentale Kränkungen

Warum die Wissenschaft trotz ihrer Erfolge als Störfaktor betrachtet wird

„Wissenschaft“ – kaum ein anderes Wort ist mit der Fortschrittsverheißung der Moderne so eng verknüpft wie dieses. Spätestens seit dem Zeitalter der Aufklärung gilt wissenschaftliche Erkenntnis als der Königsweg zur Steigerung des allgemeinen Lebensstandards, zur Befreiung von Aberglauben und Tradition, zur Lösung der großen Welträtsel. Und die zahlreichen Erfolge der wissenschaftlichen Erkenntnissuche schienen diese Hoffnung nur zu bestätigen. Die Wissenschaft verhalf den Glücklichen, die über sie verfügen konnten, zu einem nie da gewesenen materiellen Wohlstand. Sie sprengte die Ketten der Tradition und löste viele Rätsel, von denen die Vorfahren nicht einmal geahnt hatten, dass sie überhaupt existierten.

So verwundert es nicht, dass Wissenschaft heute nahezu allgegenwärtig ist – schon allein aufgrund der aus ihr resultierenden Technologien (vom Computer bis zum Handy). Wir begegnen ihr nicht nur in der Hochschule, der Bibliothek, dem Labor, sondern auch in der Kneipe, dem Fitnessstudio, dem Friseursalon, dem Kino, sogar der Fußballkommentator bombardiert uns mit sportmedizinischen Fakten und statistischen Korrelationen. Selbst jene, die es darauf anlegen, Wissenschaft in den Boden zu kritisieren, verwenden in ihrer Kritik wissenschaftlich ausgefeilte Argumente. Ein Leben ohne Wissenschaft ist undenkbar geworden. Ulrich Beck hat zweifellos recht, wenn er resümiert: „Wir sind [...] zur *Wissenschaftlichkeit verdammt* – selbst dort, wo die Wissenschaftlichkeit verdammt wird.“[5]

Dennoch: Trotz ihrer Allgegenwart wäre es falsch, die Geschichte der Wissenschaft als reine Erfolgsstory beschreiben zu wollen, denn ihr Siegeszug war stets auch von heftigen Abwehrreaktionen begleitet. Man erinnere sich nur an die scharfen Angriffe, denen Darwins Evolutionstheorie von Anfang an ausgesetzt war. Noch heute wird sie in weiten Teilen Amerikas geleugnet und auch in Deutschland mehren sich seit einiger Zeit religiös inspirierte Versuche, die Evolutionstheorie aus dem Schul-Curriculum zu verbannen und die biblische Schöpfungsgeschichte als ernsthaftes Erklärungsmodell in den Biologieunterricht (!) zu integrieren.[6]

Der Protest der Gläubigen gegen die wissenschaftliche Unterweisung ihrer Kinder ist nur allzu verständlich, *denn nichts enttarnt die Irrtümer der althergebrachten Welterklärungsmodelle schonungsloser als die wissenschaftliche Erhellung der realen Sachverhalte.* Allerdings darf nicht übersehen werden, dass nicht nur streng religiöse Menschen (gleich welcher Herkunft!) arge Probleme mit den ernüchternden Perspektiven der Wissenschaft haben, auch die in religiösen Dingen eher indifferent denkende Bevölkerungsmehrheit dürfte sich schwer tun, die fundamentalen Kränkungen zu verarbeiten, die *mit dem fortschreitenden Prozess wissenschaftlicher Ent-Täuschungen* unweigerlich verbunden sind.

Auf diesen Sachverhalt hat schon vor vielen Jahrzehnten Sigmund Freud aufmerksam gemacht.[7] Freud wies auf drei *fundamentale Kränkungen* hin, die die Wissenschaft der menschlichen Selbstverliebtheit zufügt habe, nämlich

- die *Kopernikanische* Kränkung, die aus der Erkenntnis folgt, dass die Erde *nicht* der Mittelpunkt des Universums ist;
- die *Darwinsche* Kränkung, entstanden aus dem Wissen, dass der Mensch als ein bloß zufälliges Produkt der na-

türlichen Evolution begriffen und der Familie der Primaten zugerechnet werden muss, sowie

- die *tiefenpsychologische* Kränkung, resultierend aus der Erfahrung, dass der vom Unbewussten gesteuerte Mensch nicht einmal „Herr im eigenen Haus" ist.[8]

Mittlerweile wurde Freuds Aufzählung der fundamentalen Kränkungen der Menschheit um einige Punkte erweitert bzw. präzisiert.[9] Auf der Hitliste der Kränkungen finden sich heute (ergänzend zu Freud) u. a.

- die *ethologische* Kränkung (die Menschheit ist nicht nur stammesgeschichtlich mit dem Tierreich verbunden, sondern demonstriert diese Verbundenheit auch tagtäglich in ihrem Verhalten);[10]
- die *epistemologische* Kränkung (wir müssen anerkennen, dass wir – wie alle anderen Tiere – mit einem bloß relativen, beschränkten Erkenntnisvermögen ausgestattet sind, das nicht auf die „Wirklichkeit an sich" ausgerichtet ist, sondern das sich bloß innerhalb unserer eigenen ökologische Nische als überlebensfähig bewährt hat);[11]
- die *soziobiologische* Kränkung (alles Leben beruht auf *Eigennutz*, selbst die höchsten altruistischen Tugenden können auf „genetisch-memetischen Egoismus"[12] zurückgeführt werden);[13]
- die *ökologische* Kränkung (wir sind abhängig von einer Biosphäre, die so komplex strukturiert ist, dass wir sie – wie uns in der jüngsten Flutkatastrophe in Südostasien wieder einmal schmerzlich bewusst wurde – weder durchschauen noch kontrollieren können);[14]
- die *kulturrelativistische* oder *politisch-ökonomische* Kränkung (unsere Ideen, Ideale, Religionen und Künste sind keineswegs „zeitlos" oder „überhistorisch" gültig, sondern im höchsten Maße abhängig vom historischen Entwicklungsstand der Produktionstechnologie sowie den Besitz- und Herrschaftsverhältnissen der Gesellschaft, in der wir leben);[15]

- *die kosmologisch-eschatologische* Kränkung (Leben ist ein zeitlich begrenztes Phänomen in einem Universum, das auf den „Kältetod" oder vergleichbare Endzeitszenarien zusteuert);[16]
- *die paläontologische* Kränkung (die Menschheit trat nur im letzten winzigen Moment der planetaren Zeit auf und wird irgendwann ebenso untergehen wie alle anderen Spezies vor ihr);[17]
- die *evolutionäre* Kränkung der *Fortschrittserwartung* (die Evolution – biologisch wie kulturell – unterliegt keinem linearen Trend hin zum Besseren / Komplexen / Höherentwickelten, vielmehr handelt es sich um einen fortschrittsblinden „Zickzackweg auf dem schmalen Grat des Lebens");[18] sowie last but not least
- die *neurobiologische* Kränkung (das so genannte autonome „Ich" ist ein Produkt unbewusster, neuronaler Prozesse, „Geistiges" beruht auf „Körperlichem", „Willensfreiheit" – im strengen Sinne! – ist eine Illusion, religiöse „Visionen" sind auf Überaktivitäten im Schläfenlappen zurückzuführen usw.).[19]

Im Zuge der wissenschaftlichen Fortschritte insbesondere der letzten Jahrzehnte hat sich Homo sapiens, die vermeintliche „Krone der Schöpfung", selbst *entzaubert*. Das Wissen um die hierdurch notwendige, grundlegende Revision unserer Menschen- und Weltbilder ist bislang allerdings nur in mehr oder weniger exklusive Kreise vorgedrungen. Die meisten Menschen hängen noch immer Vorstellungen nach, die in Anbetracht des aktuellen Forschungsstands ähnlich obskur wirken wie die einst so populäre Idee, die Erde sei eine Scheibe.

Unübersehbar ist, dass mit der *Entzauberung des Menschen* auch die diversen, von Menschen geschaffenen Gottesvorstellungen sowie die damit verbundenen metaphysischen Heilserwartungen obsolet geworden sind. Man muss es in dieser Deutlichkeit sagen, auch auf die Gefahr hin, religiös empfindende Menschen zu verschrecken:

Keine der bestehenden Religionen ist mit den Ergebnissen der wissenschaftlichen Forschung noch in Einklang zu bringen! Nie zuvor in der Geschichte der Menschheit trat die Unvereinbarkeit von religiösem Glauben und wissenschaftlichem Denken so deutlich zum Vorschein wie in unseren Tagen.

Allerdings sollte in diesem Zusammenhang nicht übersehen werden, dass auch manche traditionellen humanistischen Vorstellungen in Konflikt mit unserem erweiterten Wissen über Mensch und Natur geraten sind. Deshalb schlug Julian Huxley, der nicht nur die moderne Evolutionstheorie, sondern auch die UNESCO als deren erster Generaldirektor entscheidend prägte,[20] bereits vor 40 Jahren vor, ein neues Ideensystem zu entwickeln, das den Humanismus mit der Wissenschaft versöhnen sollte. Huxley gab diesem neuen Ideensystem auch gleich einen passenden Namen: *Evolutionärer Humanismus*.[21]

Der Affe in uns

Über den schwierigen Weg vom traditionellen zum evolutionären Humanismus

Unter dem Begriff „Humanismus“ lassen sich all jene Geistesströmungen fassen, die *erstens* in ihrer Theorie und Praxis nicht von imaginären Göttern oder Heilserzählungen, sondern von real existierenden Menschen ausgehen, und die sich *zweitens* zum Ziel setzen, die Lebensverhältnisse so zu gestalten, dass eine freie Persönlichkeitsentfaltung aller Menschen (unabhängig von ihrem Geschlecht, ihrer Herkunft, ihren Fähigkeiten usw.) möglich ist.[22] Ausgehend von der Überzeugung, dass Freiheit und Gleichberechtigung Wertkonstruktionen sind, die universell gültig sein müssen, verlangt der kategorische Imperativ des Humanismus, „alle Verhältnisse umzuwerfen, in denen der Mensch ein erniedrigtes, ein geknechtetes, ein verlassenes, ein verächtliches Wesen ist...“[23]

Dieser prinzipiellen ethischen Zielsetzung folgt auch der *evolutionäre Humanismus*. Allerdings unterscheidet er sich von seinen traditionellen Vorläufern darin, dass er die zahlreichen neuen wissenschaftlichen Erkenntnisse (inklusive der damit verbundenen fundamentalen Kränkungen) produktiv verarbeitet und somit von einem *grundsätzlich revidierten Menschen- und Weltbild* ausgeht.

Klar ist: Um ein realistisches Bild des Menschen zu zeichnen, darf man seine biologischen Wurzeln nicht ignorieren. Dass dies so lange geschah, ist vor allem auf die Auffassung zurückzuführen, dass eine Akzeptanz des

„Affen in uns" in die ethische Sackgasse des Zynismus führen müsse. Diese Einschätzung ist vor allem deshalb irreführend, weil der „Affe in uns" bei genauerer Betrachtung kein unfreundlicher Geselle ist. Obgleich wir natürlich anerkennen müssen, dass die bisherige Geschichte der Menschheit – auch aufgrund unseres biologischen Rüstzeugs – über weite Strecken eine Geschichte der Unmenschlichkeit war, so gibt es doch gute Gründe für die Annahme, dass sich der Mensch unter günstigen Umständen zu einem ungewöhnlich sanften, freundlichen und kreativen Tier entwickeln kann. Wenn dies aber stimmt, so stehen wir vor einer großen Aufgabe: *Wir müssen erkennen, unter welchen sozialen, ökonomischen und ökologischen Bedingungen sich die positiven Potentiale von Homo sapiens entfalten können und endlich damit beginnen, solche Bedingungen ernsthaft zu fördern.*

Voraussetzung dafür ist, dass wir die Scheu ablegen, den Menschen konsequent als *Naturwesen* zu begreifen, d. h. als ein *zufälliges Produkt der biologischen Evolution*. Das bedeutet u. a., dass wir anerkennen müssen, dass der Mensch – der großen Bedeutung kultureller Einflüsse zum Trotz – wie alle anderen Organismusarten auf diesem Planeten nicht in der Lage ist, Naturgesetze zu überschreiten. Dadurch erübrigt sich insbesondere der weit verbreitete Glaube an eine frei schwebende, von körperlichen Prozessen auch nur partiell unabhängige „Vernunft".[24]

Während früher der Descartessche Dualismus von Körper und Geist bzw. Leib und Seele herangezogen wurde, um zu erklären, warum auf der Ebene des Körpers Naturkausalitäten wirkmächtig seien, der „Geist des Menschen" davon jedoch angeblich unberührt bleibe, bejahen evolutionäre Humanisten die empirisch gehärtete These, dass sich selbst die so genannten „höchsten Geistestätigkeiten" nicht vom Aufbau und der Arbeitsweise des biologischen Organismus trennen lassen. Konnten Rene Descartes und seine Nachfolger noch davon ausgehen, dass das autonome,

„denkende Ich“ in begrenztem Umfang über seinen Körper bestimmen könne, wissen wir heute, dass das „Ich“ nichts weiter ist als ein Artefakt des körperbewussten Gehirns. Das für unser Selbstverständnis so zentrale und intuitiv überzeugende Gefühl, dass wir autonom handelnde, über Naturkausalitäten erhabene Subjekte sind, ist nach heutigem Kenntnisstand nichts weiter als das Resultat einer geschickten Selbsttäuschung unseres Organismus. *Das „bewusste Ich“ wird erzeugt und gesteuert von neuronalen Prozessen, die selbst unmittelbar nicht erfahrbar sind.*[25]

Parallel zur angenommenen Trennung von Körper und Geist neigte die historische Aufklärungsbewegung dazu, Rationalität über Emotionalität zu stellen, mittlerweile aber hat sich die Erkenntnis durchgesetzt, dass unsere Gefühle und Leidenschaften eine weit größere Rolle für den kognitiven Entscheidungsprozess spielen, als dies zuvor angenommen wurde. Studien haben ergeben, dass Menschen mit Störungen in den emotionalen Zentren des Gehirns nicht mehr in der Lage sind, rationale Entscheidungen zu treffen.[26] Bei genauerer Betrachtung ist dies auch keineswegs verwunderlich, *denn die für uns wie für alle anderen Lebewesen konstitutive Fähigkeit, zwischen angenehmen und unangenehmen Reizen unterscheiden zu können, ist die Basis für jede Entscheidung, ja für jede Bedeutungszuschreibung*. Ohne sie wären wir nichts weiter als komplizierte Maschinen, die (ähnlich unseren Computern) Informationen verarbeiten, aber nichts mit ihnen anfangen können.

„Brot für die Welt – die Wurst bleibt aber hier!“

Die anthropologischen Fundamente einer evolutionär-humanistischen Ethik

„Leben“ lässt sich definieren als ein auf dem „Prinzip Eigennutz“[27] *basierender Prozess der Selbstorganisation.*[28] Alle Organismen, die heute auf dem blauen Planeten leben, verdanken ihre Existenz dem eigennützigen Streben ihrer Vorfahren nach Vorteilen im Kampf um Ressourcen und genetischen Fortpflanzungserfolg. Evolutionäre Humanisten geben freimütig zu, dass sich die stolzen Mitglieder der Spezies Homo sapiens in ihren Grundzielen nicht von der gemeinen Spitzmaus unterscheiden. Wie diese werden auch wir mit der tief verankerten Veranlagung geboren, *eigene Lust zu steigern und eigenes Leid zu minimieren.*

Dem widerspricht nicht, dass viele Menschen in ihrem Leben Strategien wählen, die sich für sie (und ihr Umfeld) als „objektiv“ lustmindernd oder schädigend erweisen. Es wäre ein Fehlschluss, würde man aus dem „Prinzip Eigennutz“ ableiten, dass Menschen „zweckrationale Spieler“ sind, die in ihrem Denken und Handeln konsequent darauf ausgerichtet sind, ihren eigenen „objektiven Nutzen“ zu optimieren. Vielmehr hat die geschichtlich gut dokumentierte Neigung des Menschen zum Irrationalismus gezeigt, dass sich der Eigennutz auch in die diametral entgegengesetzte Richtung lenken lässt. Aus rein biologischer Perspektive ist es beispielsweise unerklärlich, dass sich Gläubige – die meisten von ihnen Jahrzehnte vor dem natürlichen Ende ihrer Fortpflanzungsfähigkeit! – zu Ehren ihres „Gottes“ in die Luft sprengen. Wollen wir solche Handlungsweisen begreifen, müssen wir die soziobiologische Fassung des „Prinzips Eigennutz“ um kulturelle Variablen erweitern.

Da der Eigennutz als Grundprinzip des Lebens die Quelle aller menschlichen Empfindungen und Entscheidungen ist, wäre es ein sinnloses Unterfangen, ihn als „moralisch anrüchiges“ Rudiment der Evolution überwinden zu wollen. Vielmehr sollten wir so klug sein, ihn als *die entscheidende Triebkraft des Lebens in unsere ethischen Konzepte einzubauen*, denn er allein ist es, der soziale Innovationen möglich macht. Ideen, die mit den eigennützigen Interessen der Menschen nicht korrespondieren, werden sich in der Gesellschaft niemals durchsetzen können, so gut begründet oder „ehrenhaft“ sie auch immer erscheinen mögen.

Eigennutz tritt schon in der nichtmenschlichen Natur in höchst unterschiedlichen Formen auf – nicht nur als rücksichtsloses Durchsetzen eigener Interessen auf Kosten Anderer (beispielsweise wenn ein Löwe, der ein Rudel übernimmt, alle Jungtiere tötet, um dadurch seine eigenen Gene besser verbreiten zu können – die Löwinnen des Rudels werden nach der „Ermordung“ ihrer Jungen gleich wieder fruchtbar…), sondern auch in Form einer – mitunter im wahrsten Sinne des Wortes! – „aufopferungsvollen“ Brutpflege. (Das vielleicht markanteste Beispiel dafür bieten die Gallmücken aus der Familie Cecidomyidae.[29] Unter bestimmten Bedingungen bringen die Weibchen dieser Art Jungen ohne die Befruchtung durch ein Männchen hervor. Allerdings legen sie keine Eier, ihre Nachkommen entwickeln sich vielmehr lebend im Körper der Mutter, wobei sie diesen nach und nach buchstäblich von innen her auffressen. Die „Mutterliebe“ dieser weiblichen Gallmücken ist kaum zu überbieten – und doch handelt es sich hierbei bloß um einen Akt des „genetischen Eigennutzes“. Durch die „Aufopferung“ ihres eigenen Lebens „gelingt“ es der Gallmücke, die eigenen Erbinformationen erfolgreich an die nächste Generation weiterzugeben.)

Eigennutz ist auch die Quelle der verschiedenen Formen von *kooperativ-altruistischem Verhalten*, das sozial lebende Tiere selbst gegenüber genetisch nicht verwandten Artgenossen zeigen. Grund: Es ist für das Individuum auf lange Sicht gewinnbringender, sich kooperativ nach dem *Fairnessprinzip* („Wie du mir, so ich dir“) zu verhalten, d. h. gewisse Ressourcen mit anderen zu teilen, als Kooperationspartner rücksichtslos zu übervorteilen.[30] Individuen, die sich stets unkooperativ verhalten und sich nur auf den kurzfristigen Gewinn hinorientieren, werden schnell isoliert und stehen am Ende schlechter da als ihre kooperationsbereiten Artgenossen. Der hier zum Vorschein kommende *Selektionsvorteil des kooperativen Verhaltens* konnte im Rahmen zahlreicher spieltheoretischer Modelle nachgewiesen werden. Allerdings zeigten diese Studien auch die *Grenzen der strategischen Kooperationsbereitschaft*: Diejenigen, die sich stets kooperativ verhielten, schnitten am Ende schlechter ab, als jene, die ihre Kooperationsbereitschaft von dem potentiellen Einfluss ihres Gegenübers abhängig machten. Das biologische „Prinzip Eigennutz“ empfiehlt dem Individuum nämlich eine heimtückische Strategie: *„Sei kooperativ gegenüber höher- oder gleichrangigen Individuen – sie könnten dir gefährlich werden, man trifft sich im Leben ja meist noch ein zweites Mal! – und beute all jene erbarmungslos aus, die über keinerlei Macht und Einfluss verfügen!“*

Die drei bisher genannten Varianten des Eigennutzes – a) rücksichtsloses Durchsetzen eigener Interessen auf Kosten Anderer, b) altruistisches Verhalten (Verzicht auf Vorteile) zu Gunsten von Verwandten („Blut ist dicker als Wasser“) und potentiellen Sexualpartnern (genetischer Eigennutz) sowie c) strategische Kooperationsbereitschaft gegenüber gleich- und höherrangigen Artgenossen – decken allerdings nicht das ganze Spektrum des eigennützig-altruistischen Verhaltens unserer Spezies ab. Selbstverständlich gibt es zahlreiche Formen von hilfsbereitem (altruistischem) Verhalten, die nicht direkt über genetischen Eigennutz oder strategische Kooperationsbereitschaft zu erklären sind. So war die hohe Spendenbereitschaft nach der Flutkatastrophe in Südostasien (Ende 2004) keineswegs allein auf strategisches Denken zurückzuführen – auch wenn die Hoffnung, dass einem selbst einmal geholfen werde, falls man ebenfalls in eine Notsituation geraten sollte (*Fairnessprinzip*), hierbei unbewusst mitspielte.

Dass sich in diesem Fall so viele am Geschehen unbeteiligte Menschen zur Hilfe motiviert fühlten, ist wesentlich begründet in unserer ausgeprägten *Empathiefähigkeit.* Wir können emotional nachempfinden, was andere Menschen in Notlagen durchmachen müssen, *wir leiden buchstäblich mit ihnen mit. Da auch Mitleid in gewissem Sinne Leid bedeutet, liegt es in unserem eigennützigen Interesse, es zu überwinden.* Dies können wir tun, indem wir das Leid der Anderen entweder verdrängen (die Nachrichtensendung abschalten), oder aber indem wir (beispielsweise über Spenden oder Hilfsaktionen) etwas dazu beitragen, dass dieses Leid reduziert wird.

Evolutionäre Humanisten erkennen nicht nur an, dass *Handeln aus Mitleid* ein *eigennütziges Verhaltensmuster* darstellt, sie wissen auch, dass bereits die Fähigkeit, mitleiden zu können, ein *Produkt eigennütziger evolutionärer Überlebensstrategien* ist. Die stete Zunahme des Gehirnwachstums, die im Verlauf der hominiden Entwicklung beobachtet werden kann, ist vor allem darauf zurückzuführen, dass die Träger komplexerer Gehirne wegen ihrer höheren *sozialen Intelligenz* Vorteile gegenüber einfacher strukturierten Artgenossen besaßen. Die Fähigkeit, die vielschichtigen Rollendifferenzierungen innerhalb einer sozialen Gruppe zu durchschauen und für sich nutzbar machen zu können, bedeutete einen entscheidenden Überlebensvorteil. Nur wer sich in die Bedürfnislagen seiner Artgenossen hineinversetzen konnte, wusste, wann er mit wem wie kooperieren musste, wen man gefahrlos übers Ohr hauen konnte und wen man besser umschmeicheln sollte, um seinen Zielen näher zu kommen. *Das evolutionär gewachsene Empathievermögen war die Voraussetzung für erfolgreiches Lügen, Betrügen, Kooperieren und Intrigen-Spinnen und schuf – quasi als Nebenwirkung – die Basis für ein durch Mitleid (und Mitfreude!) motiviertes altruistisches Verhalten.*[31]

Ohne unsere Fähigkeit, mitleiden und uns mitunter auch mitfreuen zu können, wären wir nicht in der Lage, uns bei einem Spielfilm zu amüsieren, noch wäre menschliche Kultur überhaupt möglich. Insofern handelte Arthur Schopenhauer durchaus weitsichtig, als er das Phänomen des Mitleids ins Zentrum seiner Ethik rückte.[32] Allerdings darf nicht übersehen werden, *dass unserem Empathievermögen deutliche Grenzen gesetzt sind*:

- *Erstens* ist die unter *Kleingruppenverhältnissen* entstandene Empathiefähigkeit abhängig von *konkreten Erfahrungen* und daher nur schwerlich auf *abstrakte Größenordnungen* übertragbar.[33] (Die vielen Hunderttausende von Kindern, die Jahr für Jahr an den Folgen von Unterernährung sterben, bleiben für uns eine abstrakte Zahl, die wir leicht verdrängen können; nicht so hingegen die Opfer der Flutkatastrophe von 2004, die über das Fernsehen gewissermaßen direkt in unsere Wohnzimmer gespült wurden. Durch die allgegenwärtigen Bilder wurden sie zu einem virtuellen Teil unserer *emotionalen Bezugsgruppe*, was fast zwangsläufig eine hohe Anteilnahme und Hilfsbereitschaft auslöste.)
- *Zweitens*: Wenn unser Mitgefühl tatsächlich angesprochen wird, neigen wir dazu, unser Mitleid eher mittels *symbolischer Gesten* abzuarbeiten, anstatt wirkliche Reformen einzuleiten, die uns womöglich selbst ins Fleisch schneiden könnten (so könnte man die sog.

„Entwicklungshilfe“ durchaus unter das Motto stellen: „Brot für die Welt – die Wurst bleibt aber hier!“).

- *Drittens*: Auch wenn das Empathievermögen ein universelles Erbe unserer biologischen Evolution ist (nur wenige Menschen, darunter viele Gewaltverbrecher, sind aufgrund hirnorganischer Schädigungen oder Anomalien nicht zur emotionalen Perspektivübernahme befähigt), kann es doch mithilfe von Ideologien zumindest partiell *ausgeschaltet* werden. So gelang es der Nazipropaganda über die Darstellung von Juden als „Untermenschen“, „Ungeziefer“ oder „Giftpilze“, große Teile der Deutschen so stark zu indoktrinieren, dass sie jegliches Mitgefühl gegenüber dieser Bevölkerungsgruppe verloren. Noch heute wird diese Strategie der *Deindividuation* (Entpersonalisierung) gerne angewandt, um Menschen durch die Ausschaltung ihres Empathievermögens „scharf“ zu machen. Es bestimmt nicht von ungefähr die Grundausbildung militärischer Eliteeinheiten, dass deren Mitglieder darauf trainiert werden, sowohl sich selber als auch den potentiellen Gegner nicht als Personen mit individuellen Träumen, Hoffnungen, Ängsten und Wünschen wahrzunehmen. Und natürlich gehört es auch zu den wichtigsten Kniffen eines geschickten Diktators bzw. „geistigen Führers“, dass er seinen weltanschaulichen oder politischen Konkurrenten systematisch entmenschlicht. Wer zu einem „heiligen Krieg“ oder einen „Kreuzzug gegen das Böse“ aufruft, der tut gut daran, die Gegner nicht als Menschen mit menschlichen und allzumenschlichen Eigenschaften zu schildern, sondern sie auf Merkmale wie „Ungläubige“ oder „eiskalte Terroristen“ zu reduzieren. Schlucken die Untergebenen diese Botschaft, so lassen sie in der Konfrontation mit dem „Feind“ jedes Mitgefühl vermissen. Die sadistische Art, in der feindbildbeseelte, amerikanische Soldaten unlängst ihre irakischen Gefangenen folterten, spricht hier eine deutliche Sprache. (Das Gleiche gilt selbstverständlich für die islamischen Gotteskrieger, die im Umgang mit ihren Geiseln und Opfern jegliches Mitgefühl vermissen lassen.)

Während eigennützig-altruistisches Verhalten schon im Tierreich beobachtet werden kann, ist die *kulturelle/ideologische Überformung des Eigennutzes* eine spezifisch menschliche Eigenschaft. Nur Menschen sind unter bestimmten Umständen dazu bereit, ihr Leben für eine „höhere Sache“ (ethische Überzeugung, politische Ideologie, Religion) aufs Spiel zu setzen. Kein noch so phantasiebegabter Affe käme auf die Idee, für demokratischere Verhältnisse zu streiten, geschweige denn, dass er auf Bananen im Diesseits verzichten würde, weil er sich davon eine noch großartigere Belohnung im Jenseits erhoffte.

Zwar kann die menschliche Kultur den biologisch vorgegebenen Eigennutz nicht überwinden, sie kann ihn aber doch in höchst unterschiedliche *Erscheinungsformen* pressen. Was wir persönlich als erstrebenswert ansehen, ist im höchsten Maße abhängig von kulturellen Vorgaben, von technischen Errungenschaften, Moden, Traditionen, Philosophien, Ideologien und Religionen usw. Anscheinend genügt es uns nicht, bloß in den Tag hinein zu leben, wir trachten danach, unserer Existenz einen „Sinn“ zu geben. Tragischerweise greifen wir dabei häufig auf Sinnrezepte zurück, die den Eigennutz in eine problematische Richtung lenken und daher weder dem Einzelnen noch der Allgemeinheit zum Vorteil gereichen.

Sinn und Sinnlichkeit

Warum uns der evolutionäre Humanismus nahe legt, aufgeklärte Hedonisten zu sein

Homo sapiens erscheint dem kritischen, wissenschaftlich gebildeten Betrachter heute nicht mehr als gottgewollte Krönung einer gut gemeinten, gut gemachten Schöpfung, sondern als *unbeabsichtigtes, kosmologisch unbedeutendes und vorübergehendes Randphänomen eines sinnleeren Universums*. Das mag auf den ersten Blick trostlos erscheinen – und doch ist diese Botschaft keineswegs düster. Evolutionäre Humanisten betonen nämlich, dass *gerade die Akzeptanz der tiefen metaphysischen Sinnlosigkeit unserer Existenz den Freiraum zur individuellen Sinnstiftung schafft. In einem „an sich" sinnlosen Universum genießt der Mensch das Privileg, den Sinn des Lebens aus seinem Leben selbst zu schöpfen.*

Der evolutionäre Humanismus legt uns nahe, „*aufgeklärte Hedonisten*" (von griechisch: hedone = Freude, Lust) zu sein, also den Pfaden des griechischen Philosophen *Epikur* (341-271 v.u.Z.) zu folgen. Epikur sah das höchste Gut auf Erden im *Glück*, das größte Übel im *Unglück*. Überzeugt davon, dass der Sinn des Lebens nur *sinnlich* (nicht *übersinnlich*!) erfasst werden könne, versuchte er seinen Mitmenschen die Furcht vor den Göttern und dem Tod zu nehmen. So überzeugend Epikur auch argumentierte und im Einklang mit seiner Lehre lebte, er fand über viele Jahrhunderte weit mehr Feinde als Nachahmer. Viele Menschen wollten sich nicht damit abfinden, dass der Sinn des Lebens im Leben selbst liege. Sie strebten nach „Höherem“, nach einem alles umfassenden Sinn, der über die (lächerlichen?) paar Erdenjahre hinausgehen und „den Tod eliminieren“ sollte.

Einen solchen „Übersinn“ fanden sie in den verschiedenen Religionen, die angaben, einen *über den Sinnen liegenden*, also *übersinnlichen* Sinn stiften zu können. Allerdings: Diese Sinnstiftung verlangte ihren Preis – und zwar einen aus weltlicher Perspektive unangemessen hoch erscheinenden Preis, denn die Fixierung auf das *Jenseits* führte allzu häufig zu einer Vernachlässigung des *Diesseits*, die Orientierung am *Übersinnlichen* zur Ächtung des bloß *Sinnlichen.*[34]

Doch dies waren nicht die einzigen Kosten, die für die religiöse Sinnversicherung aufgebracht werden mussten. Die „religiöse Sinndividende“ kam nämlich nur dann zur vollen Auszahlung, wenn der Übersinn-Aspirant immun war gegenüber den sich beschleunigenden Erkenntnissen auf dem Gebiet der empirischen Wissenschaften, die immer größere Teile des *vermeintlichen Übersinns* als *objektiven Unsinn* entlarvten: Nachdem Kopernikus, Bruno und Galilei die Erde aus ihrer übersinnlichen Mittelpunktstellung gedrängt hatten, war es vor allem die Darwinsche Evolutionstheorie, die dafür sorgte, dass sog. „universelle Glaubensgewissheiten“ mehr und mehr zu weltanschaulichen Ladenhütern avancierten.

Der Evolutionstheoretiker Richard Dawkins brachte das Grundproblem der religiösen „Übersinn“-Sucher einmal sehr genau auf den Punkt, als er schrieb: „In einem Universum mit blinden physikalischen Kräften und genetischer Verdoppelung werden manche Menschen verletzt, andere haben Glück, und man wird darin weder Sinn und Verstand noch irgendeine Gerechtigkeit finden. Das Universum, das wir beobachten, hat genau die Eigenschaften, mit denen man rechnet, wenn dahinter kein Plan, keine Absicht, kein Gut oder Böse steht, nichts außer blinder, erbarmungsloser

Gleichgültigkeit."[35] Wer angesichts solcher Rahmenbedingungen immer noch nach dem „Sinn des Ganzen" sucht (und sich dabei nicht selber in die Tasche lügt), wird am Ende leer ausgehen.

Das heißt in der Konsequenz: Ohne uns in unauflösbare Widersprüche zu verwickeln, werden wir den Sinn des Lebens nicht *außerhalb des Lebens selbst* finden können. Anders formuliert: Wer *nach dem Sinn sucht*, muss vor allem *in den Sinnen suchen*, denn *Sinn erwächst aus Sinnlichkeit.* Völlig zu Recht stellte schon Epikur fest: „Ich weiß nicht, was ich noch als Gutes ansehen soll, wenn ich die Freuden des Geschmacks, die Freuden der Liebe, die Freuden des Gehörs, schließlich die Erregungen beim Anblick einer schönen Gestalt abziehe."[36]

Evolutionäre Humanisten betrachten ihren Körper nicht als verabscheuungswürdiges Relikt einer animalischen Existenz, sondern schätzen ihn als eine wunderbare „biologische Stradivari".[37] Sie verdrängen nicht die Härten und Ungerechtigkeiten des Lebens, verfallen aber auch nicht in eine generalisierende Jammertals-Rhetorik, da sie wissen, dass das Leben jenseits allen Schreckens unendlich viel zu bieten hat: „Die strahlenden Augen eines Kindes, dem man eine Freude macht; das Lächeln eines Unbekannten, dem man zufällig auf der Straße begegnet; den Geruch von frisch gebackenem Brot am Morgen, das Abenteuer einer scharfen Diskussion am Abend, die Anmut einer Bach-Fuge, die Schönheit eines Bildes von Picasso, die Wärme eines Menschen, den man liebt..."[38]

Aufgeklärter Hedonismus gedeiht – auch wenn Kritiker dies nahe legen wollen – kaum in den Niederungen der postmodernen Spaßgesellschaft, er ist auch keineswegs gleichbedeutend mit einem selbstgefälligen Privatismus, dem es nur um das eigene Wohl – auch auf Kosten anderer! – geht. Schon vor mehr als 2300 Jahren machte Epikur auf den tiefen *Zusammenhang von Glückseligkeit und Gerechtigkeit* aufmerksam, indem er darauf hinwies, dass allein der „gerechte Mensch ... sich des Seelenfriedens erfreut, während der ungerechte übervoll ist von Unfrieden“.[39] Epikur verstand unter Gerechtigkeit, keine hohle, vorgegebene Tugend, sondern – ganz modern! – eine praktische „Übereinkunft, die einen Nutzen im Auge hat, nämlich einander nicht zu schädigen“.[40] Als höchstes Gut pries Epikur die Vernunft, denn nur sie – so meinte er – könne uns lehren, „dass man nicht freudvoll leben kann, ohne vernünftig, anständig und gerecht zu leben, aber auch nicht vernünftig, anständig und gerecht, ohne freudvoll zu leben“.[41]

Zum Erstaunen vieler wurde diese auf den ersten Blick überoptimistisch klingende, anthropologische Einschätzung in den letzten Jahren zunehmend durch empirische Untersuchungen erhärtet.[42] So stellte sich in internationalen Vergleichen heraus, dass nicht der *absolute Wohlstand*, sondern die *relative Gleichmäßigkeit der Güterverteilung* mit dem *subjektiven Wohlempfinden* und der (damit verbundenen) *Lebenserwartung* korreliert. In Kerala beispielsweise, einem äußerst armen Bundesstaat im Süden Indiens, werden die Menschen heute im Durchschnitt 74 Jahre alt, in Brasilien, das sechsmal wohlhabender ist, sterben die Menschen hingegen im Durchschnitt schon mit 66 Jahren. Ein maßgeblicher Grund: Während in Brasilien die Kluft zwischen arm und reich stark auseinanderklafft, sind die Einkommensunterschiede in Kerala marginal.

Dieses Ergebnis bestätigt einen allgemein zu beobachtenden Trend. Bei allen Vergleichen stellte sich heraus, dass die Nationen mit den zufriedensten Menschen (Skandinavien und Niederlande) zugleich auch diejenigen waren, die die ausgeglichenste Einkommensverteilung aufwiesen. Selbst *innerhalb* von Staaten oder Staatsgebilden wie den USA ist der Zusammenhang von Wohlbefinden, Lebenserwartung und sozialer Gerechtigkeit signifikant. Der frühe Tod der Bürger in Bundesstaaten mit mehr Ungleichheit ist wohl vornehmlich auf den hohen Stress zurückzuführen, den Menschen in Gesellschaften mit starken Gegensätzen erleben müssen.[43]

Dafür sprechen insbesondere auch die verheerenden Daten, die aus den Umbruchstaaten Russland, Litauen oder Ungarn (Staaten mit hoher sozialer Ungleichheit, unzufriedenen Bürgern und geringer Lebenserwartung) gemeldet werden. In Russland und Litauen ist die Sterblichkeit seit 1989 um ein Drittel gestiegen, die Lebenserwartung von Männern beträgt mittlerweile weniger als 60 Jahre! In Ungarn kletterte die Sterblichkeit von 1970 bis 1990 um ein Fünftel, während sich im gleichen Zeitraum das Nationaleinkommen verdreifachte, wovon allerdings nur eine kleine Minderheit profitierte! (Die Mehrheit der Ungarn besitzt heute trotz des Wirtschaftswachstums in etwa so viel wie 1970.)

Halten wir fest: Die epikureische Weisheit, dass nur ein „vernünftiges, anständiges und gerechtes Leben" auf Dauer freudvoll (und langwährend) sein kann, ist mittlerweile durch Forschungsergebnisse hinreichend belegt. Aufgeklärte Hedonisten sollten Epikurs diesbezügliche Warnungen also ernst nehmen: Gerechtigkeit und individuelles Wohlempfinden (Glückseligkeit) schließen sich nicht aus. Sie bilden vielmehr eine notwendige Einheit.

Abschied von der „Traditionsblindheit“

Evolutionärer Humanismus als „offenes System“

Anthropologen haben lange gerätselt, worin der fundamentale Unterschied besteht zwischen dem Menschen und seinen nächsten tierischen Verwandten, den Schimpansen und Bonobos, die bekanntlich nicht nur rund 99 Prozent der Erbinformationen mit uns teilen, sondern wohl auch über ein rudimentäres Bewusstsein ihrer selbst verfügen.[44] Verantwortlich für die auffälligen Besonderheiten von Homo sapiens scheint vor allem jene kognitive Fähigkeit zu sein, die nach heutigem Wissensstand allein bei unserer Gattung anzutreffen ist, nämlich die *Fähigkeit zur Antizipation künftiger Bedürfnislagen.*

Zwar fertigen auch Schimpansen planvoll Werkzeuge an, die sie möglicherweise erst eine halbe Stunde später einsetzen können, wenn sie einen Termitenhügel erreicht haben. Der Anstoß zu dieser Aktivität ist aber immer ein akutes Hungergefühl. Im gesättigten Zustand kommt kein Schimpanse auf den Gedanken, Nahrung zu beschaffen. Beim Menschen ist dies anders. Sie sorgen sich um die Zukunft – nicht weil sie damit einem festgelegten, instinktiven Programm folgen (wie dies beispielsweise beim Hamster der Fall ist), sondern weil sie ein über die Gegenwart hinausweisendes Verständnis der Zeit besitzen. Menschen produzieren oder kaufen Werkzeuge und Nahrungsmittel auf Vorrat, unter entsprechenden kulturellen Rahmenbedingungen stricken sie an ausgefeilten Karriereplänen, entwickeln Sozial- und Rentensysteme, investieren in Lebensversicherungen usw. Grundlage all dieser Aktivitäten ist die kognitive Fähigkeit, von gegenwärtigen Bedürfnislagen zu abstrahieren, eine wahrhaft „kopernikanische Wende in der Motivationsstruktur".[45]

Die Begleiterscheinungen dieser besonderen Fähigkeit des Menschen sind in ihrer Bedeutung kaum hoch genug einzuschätzen: Zum einen erklärt dies die besondere *Neugier und Experimentierfreudigkeit*, durch die sich der Mensch auszeichnet – Eigenschaften, die die immense Entwicklung technischer und sozialer Innovationen in der Geschichte der Menschheit zur Folge hatten. Zum anderen finden wir hierin auch die Erklärung für die im Menschen tief verwurzelte, existentielle *Angst vor dem Ungewissen.* Um der Ungewissheit zu entgehen, strebt der Mensch zeitlebens nach Sicherheiten, was auch begründet, warum er auf soziale Stützung ganz besonders angewiesen ist. In Auseinandersetzung mit Natur und Kultur sucht er nach befriedigenden Antworten auf die vielen offenen Fragen seiner Existenz: Wohin geht er, woher kommt er, warum ist er? Wie ist die ihn umgebende Wirklichkeit beschaffen, könnte sie womöglich anders sein? Darf man sie überhaupt verändern? Und wenn ja: mit welchen Mitteln?

All dies sind Grundfragen der Philosophie. Da jeder Mensch auf die eine oder andere Weise mit diesen existentiellen Fragen konfrontiert ist, ist jeder von uns gewissermaßen ein „geborener Philosoph". Gewiss: Man braucht nur einen Blick in die deutsche Talkshow-Landschaft zu werfen, um sich zu vergegenwärtigen, wie leicht es manchem Artgenossen fällt, sich dieses lästigen Geburtsmals zu entledigen. Und doch: Selbst in den tiefsten intellektuellen Niederungen der Mallorca-Feten und Oktoberfeste sind solche philosophischen Fragestellungen ähnlich unvermeidlich wie die anschließenden Kopfschmerzen. Gewissermaßen als Gegenmittel hierzu hat die trickreiche Spezies Homo sapiens nicht nur wirksame Mittel gegen Kopfschmerz erfunden, sondern auch Institutionen, die dem

Individuum die philosophische Arbeit abnehmen und die damit verbundene Angst vor der Ungewissheit reduzieren: Staats- und Rechtsapparate, Religionen, politische Ideologien, kulturelle Traditionen etc.

Wie jedes wirksame Medikament war und ist auch die institutionelle Beantwortung existentieller Fragen mit Nebenwirkungen verbunden. Häufig genug erwiesen sich die Nebenwirkungen dieses speziellen kulturellen Rezepts als derart unerträglich, dass immer wieder in Frage gestellt wurde, ob es überhaupt sinnvoll sei, den Menschen eine solch bittere Medizin zu verordnen.[46] Die geschaffenen Institutionen und Traditionen hielten sich nämlich nicht nur mit Hilfe eines *mächtigen Repressionsapparats* an der Macht, der Abweichler notfalls mit brutaler Gewalt abstrafte, sie waren und sind auch für jenes von Friedrich von Hayek beobachtete Phänomen der *Traditionsblindheit*[47] verantwortlich, das zu ähnlich unangemessenem Verhalten führen kann wie die sprichwörtliche *Instinktblindheit* der Insekten, die in experimentellen Situationen immer wieder das gleiche einprogrammierte Verhalten zeigen – ungeachtet der Tatsache, dass dieses Verhalten unter veränderten Rahmenbedingungen niemals von Erfolg gekrönt sein wird.

Dass die großen Religionen – trotz der Offenlegung ihrer zahlreichen Irrtümer und ihrer verheerenden ethischen Konsequenzen – bis heute überleben konnten, ist nicht zuletzt auf Traditionsblindheit zurückzuführen. Es ist schon erstaunlich, mit welcher Sturheit Menschen die Irrwege und Schwächen ihrer eigenen Denktradition verdrängen können. In Bezug auf die Religionen haben sich dabei *zwei grundsätzliche, idealtypische Varianten von Traditionsblindheit* herausgebildet:

- In der *fundamentalistischen Variante*, die für echte religiöse Gläubigkeit „ohne Wenn und Aber“ kennzeichnend ist, werden alle Gegenargumente der kritischen Vernunft rigoros ausgeblendet, ja sogar der Versuch einer intellektuellen Beschäftigung mit ihnen konsequent unterbunden. (So landete selbst Kants *Kritik der reinen Vernunft* auf dem Index der für katholische Gläubige verbotenen Schriften).

- In der *aufklärerisch gezähmten Variante*, gewissermaßen der „Light-Version" des religiösen Glaubens, werden weltliche Argumente zwar weitgehend in das Denksystem integriert, allerdings wird der radikale Gegensatz zwischen weltlichem und religiösem Denken mittels *intellektuell unredlicher Umdeutungen der traditionellen Glaubenssätze kaschiert.* Echte Virtuosen der intellektuellen Unredlichkeit beherrschen dabei sogar das Kunststück, selbst das offensichtlich Inhumane derart zu umwolken, dass es in seiner eigentlichen, seiner menschenfresserischen Substanz kaum noch zu erkennen ist: Da wird aus Unsinn plötzlich Sinn, aus Leid plötzlich Freude, da verklärt sich das Verbrechen zur Heldentat und das Joch zum Siegessymbol.

In Deutschland herrscht seit Jahrzehnten, ausgelöst auch durch die katastrophalen Erfahrungen des Zweiten Weltkriegs, in den beide Großkonfessionen „mit Gott und dem Führer" zogen, jene aufklärerisch gezähmte Form der Traditionsblindheit („Religion light") vor. Die meisten „Christen" hierzulande haben auf vielen Gebieten den Erkenntnisfortschritten der letzten Jahrhunderte Tribut gezollt. Sie glauben nicht mehr an Adam und Eva, nicht mehr an Hölle und Teufel, nicht mehr an ein ewiges Flammenmeer, in dem die überwiegende Mehrheit der Menschen postmortal gebraten wird, nicht mehr an Dämonen, die Menschen befallen können, häufig sogar nicht mehr daran, dass eine historische Person Jesus von Nazareth existiert hat, geschweige denn: dass sie von den Toten auferstanden ist.

Seltsamerweise hält dieser reale „Unglaube" viele Menschen nicht davon ab, sich als „Christen" zu bezeichnen. Den meisten von ihnen scheint nicht einmal aufzufallen, dass die „Erlösungstat" des Messias ohne Voraussetzung von Hölle und Teufel in etwa so sinnvoll ist wie ein Elfmeterschießen ohne gegnerische Mannschaft. Dies liegt nicht zuletzt daran, dass die Menschen in religiösen Dingen *jegliches Gefühl für intellektuelle Redlichkeit* verloren haben, da sie von einer „Theologie der Leerformeln" geprägt wurden, die sie darauf trainiert hat, *sprachlich* noch den Kontakt zu einer Tradition aufrechtzuerhalten, deren Boden sie *inhaltlich* längst schon verlassen haben. Das daraus resultierende „Weichfilter-Christentum" ist vor allem deshalb problematisch, weil es den Blick dafür trübt, was Christentum (aber auch jede andere institutionalisierte Offenbarungsreligion) über viele Jahrhunderte bedeutet hat und was es auch heute noch in seinen reinen, fundamentalistischen, aufklärerisch nicht gezähmten Varianten in weiten Teilen der Welt bedeutet.

Dass Traditionsblindheit im Bezug auf die Religionen (hierzu zählen übrigens auch die *politischen Religionen* Nationalsozialismus und Staatssozialismus[48]) so ausgeprägt ist, ist wahrscheinlich darauf zurückzuführen, dass ihre ideologischen Grundelemente in der Regel bereits im frühsten Kindesalter angeeignet werden. Mit Sigmund Freud darf man bezweifeln, dass Kinder überhaupt über Dinge jenseits dieser Welt nachdenken würden, wenn sie mit religiösen Lehren nicht schon zu einem Zeitpunkt geimpft würden, an dem sie die Tragweite dieser Ideen nicht abschätzen, geschweige denn in irgendeiner Weise kritisch hinterfragen können. Die Folgen dieser frühkindlichen Indoktrination sollten nicht unterschätzt werden: Wer schon in seiner Kindheit die Absurditäten der religiösen Lehren geschluckt habe, meinte Freud, über dessen spätere „Denkschwäche" brauche man sich nicht arg wundern.[49] Franz Buggle, als Entwicklungspsychologe stärker von Piaget als von Freud beeinflusst, sprach im gleichen Zusammenhang von einer partiellen „Denk- und Entwicklungshemmung", die „neben möglicherweise hohen Intelligenzleistungen auf unbetroffenen Gebieten im Bereich des Weltanschaulich-Religiösen offensichtlich immer wieder zu einem Stehenbleiben auf der 'voroperationalen' Denkstufe (sensu Piaget) führt, mit ihrer typischen Unsensibilität für Widersprüche, ihrer Zentriertheit auf partielle Aspekte [...] und ihrem partiellen Egozentrismus".[50]

Angesichts der hohen technischen Potentiale, über die wir heute verfügen, können wir uns solche „Denk- und Entwicklungshemmungen" im weltanschaulichen Bereich – und in der Folge auch auf dem Gebiet von Ethik und Politik! – nicht mehr leisten. *Evolutionäre Humanisten plädieren daher entschieden für eine Überwindung der Traditionsblindheit, für einen Wandel traditionsblinder in posttraditionale (traditionskritische) Denk- und Handlungsmuster.* Wir müssen einsehen, dass Traditionen keinen Wert an sich besitzen, dass sie nicht unbedingt erhaltenswert sind, sondern einer Evolution unterliegen, die von uns selbst gesteuert werden kann und muss. Für evolutionäre Humanisten ist es selbstverständlich, dass *alle* Traditionen einem *kritischen Eignungstest* unterzogen werden müssen. Der entscheidende Maßstab für die Beurteilung muss dabei sein, ob und inwieweit eine Tradition zu einer Humanisierung der Verhältnisse beitragen kann bzw. inwieweit sie dieser im Wege steht.

In einer Welt, in der der Wandel zum Dauerzustand geworden ist (die kulturelle Evolution hat in den letzten Jahrzehnten eine enorme Beschleunigung erfahren), müssen auch unsere Denkmuster flexibler werden. Wir müssen intensiver als je zuvor daran arbeiten, unsere *traditionalen Borniertheiten* zugunsten einer *evolutionären Perspektive* zu überwinden. Nur so wird gesellschaftlicher Frieden möglich sein, denn es ist evident, dass diejenigen, die zwanghaft an der „Scholle" ihrer eigenen traditionalen Vergangenheit kleben, sich von dem riesigen Angebot alternativer Lebensstile überrollt fühlen und reflexartig ihr angestammtes kulturelles Ghetto gegen das vermeintlich Feindliche des „Fremden" verteidigen müssen. Dass der aus solcher Überforderung resultierende Hass gegenüber dem oder den „Fremden“ eines der großen Probleme der Gegenwart darstellt, sollte jedem bewusst sein.

Um eine möglichst *hohe Flexibilität des Denkens und Handelns* gewährleisten zu können, versteht sich der evolutionäre Humanismus als „offenes System“. Abgesehen von dem unaufkündbaren ethischen Imperativ, zu einer Humanisierung der menschlichen Lebensverhältnisse beizutragen (wobei natürlich auch die Interessen *nichtmenschlicher Lebewesen in angemessener Weise berücksichtigt werden müssen*![51]), akzeptiert der evolutionäre Humanismus *keine absoluten Kategorien* (absolute Moral, absolute Wahrheit, absolute Autorität). Er weiß um die *Relativität menschlicher Erkenntnis*, weshalb er die religiöse Strategie ablehnt, historisch gewachsene Vorstellungen in heilige Dogmen zu verwandeln und auf diese Weise „gegen Kritik zu immunisieren“.[52]

Ebenso entschieden wendet sich der evolutionäre Humanismus allerdings auch gegen das *postmoderne Beliebigkeitsdenken*,[53] das uns weismachen will, dass alle Traditionen gleichermaßen gültig seien. Schließlich haben Philosophen, Wissenschaftler und Künstler im Verlauf unserer kulturellen Evolution sehr wohl brauchbare Maßstäbe entwickelt, die uns in die Lage versetzen, *hilfreiche von schädlichen kulturellen Entwürfen zu unterscheiden.*

Glaubst du noch oder denkst du schon?

Warum der rationale Glaube an die Wissenschaft nicht mit „Wissenschaftsgläubigkeit" zu verwechseln ist

Wissenschaftlich denkenden Menschen (und damit auch evolutionären Humanisten) wird manchmal vorgeworfen, dass sie den Glauben an die Religionen nur gegen den Glauben an die Wissenschaft eintauschen würden, dass sie also ebenfalls bloß „Gläubige" wären, nur eben „Gläubige eines anderen Kultus". Was ist dran an diesem Vorwurf?

Um diese Frage beantworten zu können, muss man sich vergegenwärtigen, dass das Wort „Glaube" höchst Unterschiedliches bedeuten kann. Wenn ein Mensch etwas „glaubt", so heißt dies möglicherweise nur, dass er etwas *„vermutet"*, dass er sich *seines „Wissens" nicht ganz sicher* ist. Diese *rationale Form des Glaubens* ist für evolutionäre Humanisten völlig unproblematisch, schließlich sollte jedem, der sich auch nur halbwegs mit Erkenntnis- oder Wissenschaftstheorie beschäftigt hat, klar sein, dass alles Wissen „durchwebt [ist] von Vermutung", wie Xenophanes schon vor Jahrtausenden formuliert hat.[54]

Schwierigkeiten bereitet hingegen die zweite Bedeutung von „Glaube", die exakt das Gegenteil meint: Wenn jemand von sich sagt, er „glaube", so kann das auch heißen, dass er etwas für *unbedingt wahr* hält, dass er sich *des Geglaubten über alle Maßen sicher ist.* Diese *irrationale Form des Glaubens*, die für echte (ungezähmte) Religionen konstitutiv ist, widerspricht nicht nur unserem Wissen um die notwendige Begrenztheit unseres Wissens, sie ist zudem aus zwei weiteren Gründen für evolutionäre Humanisten inakzeptabel:

- *Erstens*: Durch die Unbedingtheit des Glaubens werden historisch bedingte Irrtümer sowie unzulängliche Moralvorstellungen *für die Zukunft festgeschrieben, also künftige Erkenntnis- und Humanitätsfortschritte zugunsten dogmatischer Borniertheit verhindert*.
- *Zweitens*: Unbedingter religiöser Glaube beschwört fast unweigerlich schwerwiegende Konflikte herauf. Nicht umsonst hieß es in der „Kriminalgeschichte" der Religionen und Konfessionen immer wieder: *Du wirst dran glauben (was wir dir als absolute Wahrheit verkünden) oder du wirst dran glauben müssen (eines gewaltsamen Todes sterben)!*

Evolutionäre Humanisten, die mit Karl Popper lieber falsche Ideen sterben lassen, bevor Menschen für falsche Ideen sterben müssen, lehnen „Glauben" in diesem absoluten, religiösen Sinne ab. Sie gehen von dem rationalen Glauben (im Sinne von „Vermutung") aus, dass die wissenschaftlichen Verfahren Logik (Überprüfung von Aussagen auf ihre Widerspruchsfreiheit) und Empirie (systematische Konfrontation von Tatsachenbehauptungen mit der Erfahrungswirklichkeit) die besten Instrumente sind, die die Menschheit bislang entwickelt hat, um gültige Erkenntnisse über die Welt zu gewinnen und die menschlichen Lebensverhältnisse humaner zu gestalten. (Sollten evolutionäre Humanisten künftig wider Erwarten feststellen, dass diese Ziele eher durch Horoskope, Kartenlegen, Kaffeesatzlesen oder Rosenkranzbeten erreicht werden, würden sie der Wissenschaft abschwören.)

Auch wenn sich das Projekt der wissenschaftlichen Aufklärung auf die griffige Formel „Wissen statt Glauben!" bringen lässt, so ist damit keineswegs eine intellektuell überhebliche Geisteshaltung verbunden. Im Gegenteil! *Wissenschaftliches Wissen ist religiösem Glauben gerade deshalb überlegen, weil es um die eigene Beschränktheit weiß*. Pointiert formuliert: *Während Wissenschaftler wissen, dass sie nur etwas „glauben" (= für „wahr" halten), was heute angemessen erscheint, morgen aber möglicherweise schon überholt ist, glauben Gläubige, etwas zu wissen, was auch morgen noch gültig sein soll, obwohl es in der Regel schon heute widerlegt ist.*

Wenn also jemand tatsächlich im unbedingten Sinne an die Ergebnisse wissenschaftlicher Forschung glauben sollte, so hätte er das Wesen der Wissenschaft gründlich missverstanden. Denn Wissenschaft ist per definitionem *ergebnisoffen,* als *Methodik des kritischen Zweifelns* beruht sie weder auf unantastbaren, ewigen „Wahrheiten", noch hat sie das Bestreben, solche „Wahrheiten" zu vermitteln. Gerade weil Evolutionäre Humanisten diese Eigenschaft des wissenschaftlichen Denkens ernst nehmen, sind sie vor irrationaler Wissenschaftsgläubigkeit gefeit. Sie wissen nicht nur um die Vorläufigkeit wissenschaftlicher Aussagen, sondern unterziehen auch das real existierende Sozialsystem der Wissenschaft (Hochschulen, Forschungsinstitute etc.) einer grundlegenden Kritik, da in ihm die wissenschaftliche Methode allzu häufig nicht in der notwendigen Konsequenz angewandt wird.[55]

Wissenschaft, Philosophie und Kunst

Die kulturellen Stützpfeiler des evolutionären Humanismus

Wie bereits festgestellt wurde, besteht einer der großen Vorteile des wissenschaftlichen Denkens darin, dass es sich *seiner eigenen Beschränktheit bewusst* ist. Dieses Bewusstsein resultiert nicht nur aus der Erkenntnis, dass *alles Wissen unsicher ist* (weshalb jede wissenschaftliche Aussage unter *permanentem Begründungszwang* steht!), sondern auch aus der Einsicht, dass aus der Wissenschaft zwar wertvolle *deskriptive*, jedoch keine *präskriptiven* Sätze hervorgehen. Das heißt: Wissenschaft kann die Wirklichkeit zwar *be*schreiben, sie kann aber nicht *vor*schreiben, wie diese idealerweise aussehen sollte. Um es mit den klassischen Worten von Max Weber auszudrücken: „Eine empirische Wissenschaft vermag niemanden zu lehren, was er soll, sondern nur, was er kann."[56]

Anders formuliert: Auch wenn wir mithilfe der Wissenschaft recht gut klären können, ob bestimmte *Seins-Aussagen* (Tatsachenbehauptungen) auf der Basis unseres Erkenntnisstands als wahrscheinlich wahr oder falsch gelten, die Frage, ob wir bestimmten *Sollens-Sätzen* (beispielsweise der Erklärung der Menschenrechte oder den 10 Geboten) zustimmen sollten oder nicht, liegt jenseits der Grenzen wissenschaftlicher Überprüfbarkeit.

Die exakte Wissenschaft muss also einige zentrale Fragen der menschlichen Existenz (beispielsweise die Frage nach den ethischen Maßstäben des Handelns oder die Frage nach dem „Sinn“ unseres Lebens) zumindest partiell aus ihrem Geltungsbereich *ausblenden, weshalb sich keine menschliche Kultur allein auf Wissenschaft stützen könnte.* Diesen Umstand machen sich die Religionen zunutze, um ihre fortwährende Existenz selbst in weitgehend säkularisierten Gesellschaften zu rechtfertigen, behaupten sie doch, im Gegensatz zur Wissenschaft sinnvolle Antworten auf die existentiellen Fragen unseres Lebens geben zu können.

Nun ist es zwar richtig, dass sich die Religionen nicht scheuen, solche existentiellen Antworten zu geben, allerdings darf doch stark bezweifelt werden, dass ausgerechnet *sie*, die ja schon bei den *einfachsten irdischen Wahrheiten kläglich versagten* (man erinnere sich nur an die Mär von der „Erde als Mittelpunkt des Universums“ oder an die angeblich nur wenige Jahrtausende umfassende „Schöpfungsgeschichte“ etc.), im Falle der so genannten *höheren Wahrheiten* nennenswerte Treffer landen können. Auch der Blick in die Geschichte, die über weite Strecken von religiösen Ideologien bestimmt wurde, vermag kein großes Vertrauen in die ethische Kompetenz religiöser Heilserzählungen einzuflößen.

Jedoch gibt es eine fruchtbare, weltliche Alternative zur religiösen Sinn- und Moralstiftung: die *Philosophie.* Viele Autoren lassen die Geschichte der Philosophie mit Thales von Milet (ca. 625-545 v.u.Z.) beginnen,[57] andere gehen noch weiter zurück und verweisen beispielsweise auf den ägyptischen Pharao Echnaton (ca. 1385-1350 v.u.Z.).[58] Zweifellos wurde auch im alten Ägypten, in China, Indien oder Persien Philosophie im engeren Sinn betrieben (und diese hatte durchaus nachhaltigen Einfluss auf die Denker des Abendlandes), dennoch kann man schwerlich bezweifeln, dass die eigentliche Wiege der Philosophie in Griechenland stand.

Den hellenischen Denkern verdanken wir nicht nur den *Begriff* der Philosophie (philos = Freund, sophia = Weisheit)[59], sondern auch eine *Bestimmung der spezifischen*

Denkhaltung, die dieser Begriff umschreibt. Idealtypischerweise sucht der Philosoph nach *Wahrheit* und *Klarheit*, indem er scheinbare Gewissheiten hinterfragt, etwaige Unstimmigkeiten aufdeckt und alternative Möglichkeiten entwickelt, die Welt in logisch und empirisch kongruenter Weise zu begreifen. Im Unterschied zum Künstler, der seine Inhalte sinnlich gestaltet, versucht der Philosoph, sie auf den *Begriff* zu bringen, im Unterschied zum Theologen, der eine metaphysisch begründete Heilsgewissheit voraussetzt, kommt der Philosoph im Zweifelsfall nicht umhin, auch noch die fundamentalsten Glaubenssätze in Frage zu stellen.

Für die Entfaltung dieses Denkansatzes war *ein* Mann von besonderer Bedeutung: *Aristoteles*. In bewusster Abgrenzung zu seinem einstigen Lehrer Platon trennte Aristoteles das logische vom mythischen Denken und legte damit den Grundstock für die Entwicklung der modernen Wissenschaften. Er systematisierte die Philosophie und unterteilte sie in drei große Abteilungen, nämlich a) die *theoretische Philosophie* (Philosophia prima – später aufgrund eines Missverständnisses „Metaphysik" genannt –, Mathematik, Naturphilosophie bzw. Physik, die bei Aristoteles auch die Gebiete der Biologie und Psychologie abdeckte), b) die *praktische Philosophie* (Ethik, Politik, Ökonomie), sowie c) die *poietische Philosophie* (Technik, Ästhetik, Rhetorik). Die Philosophie umschloss also sämtliche Wissenschaften, der Philosophia prima fiel als philosophischer Kerndisziplin die Aufgabe zu, die theorievermittelte Einheit der unterschiedlichen Disziplinen herzustellen.

Im Kern galt dieses Konzept bis in die Neuzeit hinein. Philosophen betätigten sich in aller Selbstverständlichkeit als Mathematiker, Physiker, Biologen, Psychologen, Pädagogen, Sprachwissenschaftler, Kunsthistoriker, Politologen usw.[60] Im 19. Jahrhundert vollzog sich in dieser Hinsicht jedoch ein dramatischer Wandel. Die Fachwissenschaften begannen sich zunehmend zu verselbständigen, ein

Prozess, der hauptsächlich auf die auch gesamtgesellschaftlich zu beobachtenden Differenzierungsschübe (Arbeitsteilung) zurückzuführen ist, der aber zusätzlich noch verstärkt wurde durch die Abneigung, die viele empirisch arbeitende Naturwissenschaftler gegenüber dem spekulativen Charakter der damals tonangebenden idealistischen Philosophie empfanden.[61]

In den letzten Jahrzehnten haben sich Wissenschaft und Philosophie jedoch mit großen Schritten wieder aufeinander zu bewegt, was nicht nur damit zusammenhängt, dass sich Philosophen wieder verstärkt mit den Ergebnissen der wissenschaftlichen Forschung auseinandersetzen, sondern auch damit, dass sich empirisch forschende Wissenschaftler (beispielsweise die Hirnforscher Damasio, Roth und Singer) zunehmend auch auf das Gebiet der Philosophie vorwagten. Der Grund für diese fortschreitende Annäherung ist evident: *Ebenso wie die Philosophie heute der Wissenschaft bedarf, um nicht in haltlose und gehaltlose Spekulation abzudriften, so bedarf die Wissenschaft auch der Philosophie, um nicht zu einer zusammenhang- und damit auch mitunter bedeutungslosen Veranstaltung des „fragmentierten Wissens" zu werden.*

Diese Gefahr ist heute sehr real: Wissenschaft wird mehr als je zuvor von Spezialisten und Spezialistinnen betrieben, die auf eng umgrenzten Spezialgebieten forschen, über die sie nicht hinausblicken wollen oder können. Diese spezialistische Ausrichtung, die die ohnehin vorhandene disziplinäre Aufspaltung der Wissenschaft noch einmal dramatisch verschärfte, hat *quantitativ imposantes*, in vielen Fällen jedoch *qualitativ impotentes Wissen* erzeugt. Ergänzend zur fachwissenschaftlichen Spezialisierung auf das Detail brauchen wir daher eine philosophische „*Spezialisierung auf den Zusammenhang*", eine Perspektive, die Probleme aus verschiedenen Blickwinkeln betrachtet, ohne dabei das Ganze aus dem Blick zu verlieren, die scheinbare Gewissheiten konsequent hinterfragt und alternative Lösungsmöglichkeiten auf ihre logische und empirische Kongruenz überprüft, die die Folgen verschiedener Wahloptionen abschätzt und bei entstehenden Interessenkonflikten Entscheidungshilfen gibt, welche nicht nur technische, sondern auch psychologische und ethische Aspekte berücksichtigen.

Folgen wir der von Platon ausgehenden Begriffsbildung, ist Philosophie die Liebe zur und das Streben nach „Weisheit“. Was aber ist „Weisheit“ anderes als das Vermögen, in Anbetracht der vielen Partikular-Entscheidungen des Alltags das Ganze im Blick zu behalten? Weisheit meint die Fähigkeit, den Wald trotz all der Bäume nicht zu übersehen sowie die Bedeutung des einzelnen Baumes für sich selbst und für das Gesamtgefüge nicht zu unterschätzen. Und genau dies macht die Philosophie als klassische Disziplin der „Weltweisheit“[62] so brennend aktuell: *Wenn es den technisch weit entwickelten Kulturen heute an irgendetwas besonders mangelt, dann an „Weisheit“, d. h. an der Fähigkeit, die entscheidenden Zusammenhänge zu erkennen und aus dieser Erkenntnis heraus die technisch wie ethisch sinnvollsten Entscheidungen zu treffen.*[63]

Evolutionäre Humanisten sehen die Hauptaufgabe der Philosophie deshalb darin, durch die „Spezialisierung auf den Zusammenhang“ Handlungsfähigkeit auch unter den Bedingungen der „Unübersichtlichkeit“ zu ermöglichen. Da das philosophische Denken von seiner Methodik her große Übereinstimmungen zum wissenschaftlichen Denken aufweist – im Gegensatz zum religiösen Denken geht es ebenfalls nicht von offenbarten (Un-)Heilsgewissheiten aus! –, bietet es sich als ideale Ergänzung der wissenschaftlichen Forschung an. Mithilfe einer rationalen, den aktuellen Forschungsstand berücksichtigenden Philosophie kann ein beachtlicher Teil jener kulturellen Lücke geschlossen werden, die die Wissenschaft aufgrund ihrer methodischen Selbstbeschränkungen nicht abdecken kann. Warum? Weil das philosophische Denken sehr wohl präskriptive Sätze (ethische Regeln) und existentielle Sinndeutungen mit einschließt, die im strengen wissenschaftlichen Sinne nicht überprüfbar sind und daher aus dem Geltungsbereich der exakten Wissenschaft ausgeschlossen werden. (So kann die humanistische Überzeugung, dass die Menschen gleichberechtigt sind und ihre Interessen in Konfliktfällen auf faire Weise gegeneinander abgewogen werden müssen, zwar mithilfe philosophischer Argumente plausibel gemacht werden, sie ist jedoch nicht in gleicher Weise wissenschaftlich zugänglich wie die Frage, ob der freie Fall eines Körpers in Erdnähe tatsächlich einer gleichmäßigen Beschleunigung von etwa 9,8 m/s unterliegt.)

Auch wenn evolutionäre Humanisten die Bedeutung von Wissenschaft und Philosophie als fundamental erachten, ignorieren sie nicht, dass eine lebendige Kultur noch eines weiteren zentralen Stützpfeilers bedarf: der *Kunst*. Unter dem Begriff „Kunst“ verstehen wir *das gestalterische Unterfangen, Erkenntnisse und Erlebnisse in emotional bedeutsamer sowie ästhetisch ansprechender Weise zum Ausdruck zu bringen.* Der Gegenstandsbereich der Kunst umfasst dabei nicht nur die klassischen Gattungen Zeichnung / Malerei / Bildhauerei, Literatur, Schauspielkunst, Musik, Tanz und Architektur, sondern beispielsweise auch jene rituellen Zeremonien, mit denen Menschen die markanten Eckpunkte des Lebens (Geburt, Eintritt in die Erwachsenenwelt, Partnerwahl, Tod etc.) zelebrieren.

Die besondere kulturelle Bedeutung der Kunst liegt darin, dass sie (historisch vermittelten) Lebenssinn *sinnlich erfahrbar* macht. Sie ist keineswegs auf das bloß Schöne, Angenehme zu reduzieren, sondern beweist ihre Stärke gerade in der gestalterischen Verarbeitung des Hässlichen, Schmerzlichen, Erschreckenden, Unangenehmen. Obwohl jedes Kunstwerk von historischen Umständen seiner Entstehung geprägt ist, weisen die großen Werke der Kunst entschieden über den eigenen Zeithorizont hinaus. So mahnte schon Schiller: „Der Künstler ist zwar Sohn seiner Zeit, aber schlimm für ihn, wenn er zugleich ihr Zögling oder gar ihr Günstling ist. Eine wohltätige Gottheit reiße den Säugling beizeiten von seiner Mutter Brust, nähre ihn mit der Milch eines besseren Alters...“[64]

Anders formuliert: Große Kunst unterliegt der *normativen Kraft des Kontrafaktischen,* in ihr spiegelt sich nicht nur die Gegenwart mit ihren Widersprüchen wider, sondern zugleich auch der Drang zur Überwindung der als defizitär empfundenen Wirklichkeit. Unverkennbar ist dabei, dass die Kunst, indem sie die Abstrakta der Wissenschaft und Philosophie sinnlich erfahrbar macht, einen enormen Einfluss auf das subjektive Erleben und Weltempfinden der Menschen ausübt. In dieser *tiefenpolitischen Dimension* liegen gleichermaßen die Chancen als auch die Gefahren der Kunst. Sie kann als Instrument der Emanzipation dienen (Beispiel: Heinrich Heines *Deutschland – ein Wintermärchen*), ebenso entschieden aber auch für Gegenaufklärung und Fundamentalismus wirken (erinnert sei hier nur an Albert Speers Inszenierung des NSDAP-Reichsparteitages von 1938).

Wissenschaft, Philosophie und Kunst haben sich stets gegenseitig befruchtet. Künstler griffen die Erkenntnisse von Philosophen und Wissenschaftlern auf und inspirierten diese zu neuen Entdeckungen. Gerade die Genies der Menschheit (beispielsweise Leonardo da Vinci) zeichneten sich dadurch aus, dass sie sowohl auf wissenschaftlichem als auch künstlerischem Gebiet aktiv waren oder zumindest über ein breites Wissen auf diesen Gebieten verfügten. Wie fruchtbar die Wechselwirkungen von Wissenschaft, Philosophie und Kunst waren, lässt sich u. a. am Beispiel Albert Einsteins zeigen, der seine Relativitätstheorie wohl nie hätte entwickeln können, wenn er neben seinen physikalischen und mathematischen Fähigkeiten nicht auch eine ausgesprochene Ader für Philosophie und Kunst gehabt hätte.

Die kulturellen Schätze, die die Wissenschaftler, Philosophen und Künstler der letzten Jahrtausende hervorgebracht haben, können in ihrer Bedeutung kaum genug gewürdigt werden. Hier finden wir den eigentlichen *Wärmestrom der menschlichen Geschichte*. Auf die diversen Päpste, Mullahs, Lamas, Scheichs, Kaiser, Könige und Fürsten hätte die Menschheit gut verzichten können – nicht aber auf Mo-Ti, Sokrates, Demokrit, Epikur, Diogenes, Hypatia, Al-Razi, Spinoza, Kopernikus, Bruno, Galilei, La Mettrie, Hume, Diderot, Paine, Kant, Feuerbach, Mill, Marx, Nietzsche, Darwin, Edison, Freud, Curie, Einstein, Russell, Huxley, Fromm, Popper bzw. Bach, Mozart, Beethoven, Schubert, Mahler, da Vinci, van Gogh, Picasso, Grosz, Shakespeare, Goethe, Schiller, Heine, Büchner, Kafka, Camus, Musil, Brecht oder Chaplin – um hier nur einige wenige Namen aus der großen wissenschaftlichen, philosophischen und künstlerischen Ahnengalerie der Menschheit zu nennen.[65]

Evolutionäre Humanisten, die sich dieser großartigen, über Jahrtausende sich erstreckenden Tradition bewusst sind, widersprechen entschieden der häufig kolportierten These, dass der Mensch der Religion bedürfe. Sie halten dieser Mär entgegen, dass die kulturellen Stützpfeiler ihres Denkens, nämlich „Wissenschaft", „Philosophie" und „Kunst", sämtliche Bereiche abdecken können, die von den Religionen bis heute als exklusive Hoheitsgebiete beansprucht werden. *Wer sich auf Wissenschaft, Philosophie und Kunst berufen kann, weiß, dass den Religionen weit bessere weltliche Alternativen gegenüberstehen.*

„Wer Wissenschaft und Kunst besitzt, hat auch Religion"?

Über die notwendige Konversion des Religiösen

Johann Wolfgang von Goethe schrieb vor knapp 200 Jahren: „Wer Wissenschaft und Kunst besitzt, / Hat auch Religion; / Wer jene beiden nicht besitzt, / Der habe Religion."[66] Zu Goethes Zeit waren dies zweifellos fortschrittliche Verse, drückten sie doch die Autonomie von Wissenschaft und Kunst gegenüber den bornierten Herrschaftsansprüchen der Religion aus. Aus heutiger Sicht überwiegen allerdings die Bedenken gegen dieses Diktum. Warum? Erstens, weil Goethes doppelter Begriff von „Religion" Verwirrung stiftet, und zweitens, weil sein Ratschlag, die Wissenschafts- und Kunstunkundigen sollten als Ausgleich für ihre Unwissenheit doch Religion „haben", im höchsten Maße elitär (undemokratisch) ist.

Entwirren wir zunächst den diffusen, doppelten Religions begriff, den Goethe verwendete: In der ersten Bedeutung meint „Religion" bei Goethe nichts weiter als „sinnstiftende Kultur", genauer: *die Möglichkeit, sich selbst über Wissenschaft und Kunst als ein sinnsuchendes und ethischen Konflikten unterworfenes Wesen in der menschlichen Kultur verorten zu können.* In der zweiten Bedeutung wird „Religion" hingegen im Sinne der Offenbarungsreligionen verstanden, als ein *dogmatisch-verbindliches und institutionell abgesichertes Aussagensystem, das auf universellen Wahrheitsansprüchen vermeintlicher „Gottheiten" oder „Propheten" beruht, d. h. auf „heiligen Sätzen", die bedin-*

gungslos geglaubt werden müssen, sich also systematisch dem Zugriff der kritischen Vernunft entziehen.

Dass Goethe diese beiden, höchst unterschiedlichen Varianten menschlicher Sinnkonstruktion mit dem gleichen Begriff, nämlich „Religion“, belegt, erlaubt ihm zwar eine interessante sprachliche Pointe, schafft aber ansonsten bloß Verwirrung. Wenn nämlich alles, was „Sinn“ stiftet, irgendwie „Religion“ ist (entweder in Bedeutung 1 oder 2 oder in einer der verschiedenen Mischformen), so ist der Begriff „Religion“ weitgehend unbestimmt, wichtige Unterschiede verschwimmen, vor allem geht die *entscheidende Differenz zwischen dem idealtypisch unkritischen, religiösen Denken und dem idealtypisch kritischen, wissenschaftlich-philosophisch-künstlerischen Denken* verloren.

Dadurch dass Goethe diese entscheidende Differenz ausblendet, klingt sein Ratschlag, „Wer jene beiden nicht besitzt, / der habe Religion“, plausibler, als er in Wirklichkeit ist. Denn: Warum sollte es sinnvoll sein, die Wissenschafts- und Kunstunkundigen mit der schlechteren Alternative der Sinnstiftung, nämlich der Religion im engeren Sinne, abzuspeisen? Wäre es nicht besser, auch ihnen den Zugang zu Wissenschaft und Kunst zu ermöglichen? Fest steht: Wer heute noch meint, wie Goethe *elitär* argumentieren zu müssen, d. h. für sich selbst Wissenschaft und Kunst zu reservieren, den „dummen ungebildeten Massen“ aber die Religion zuzuweisen, der agiert nicht nur *unethisch,* weil er die Betroffenen im Zustand der *Unmündigkeit* belässt, er setzt auch die Zukunft der offenen Gesellschaft aufs Spiel.

Moderne Gesellschaften nämlich sind im höchsten Maße abhängig von der Mündigkeit ihrer Bürger. Eine Demokratie kann sich auf Dauer kaum leisten, dass *diejenigen, die Ansprüche auf Mündigkeit stellen, selbst den Ansprüchen der Mündigkeit nicht gerecht werden.*[67] Wenn eine Bevölkerungsmehrheit wie in den USA entgegen aller vernünftigen Argumente an den biblischen Schöpfungsmythos glaubt, muss man sich nicht wundern, wenn ihre Regierung mit „Gott an ihrer Seite“ in Kreuzzüge gegen das „Böse“ zieht und damit verheerende Flächenbrände in aller Welt auslöst.[68]

In Anbetracht des weltweit voranschreitenden Fundamentalismus ist es deshalb von absoluter Dringlichkeit, auf einen *Prozess weltweiter religiöser Abrüstung* hinzuwirken, ohne den ein friedliches Zusammenleben der Menschen kaum möglich sein wird. Gelingt dieser Prozess nicht, muss damit gerechnet werden, dass das 21. Jahrhundert als *Jahrhundert der globalen Religionskriege* in die Geschichte eingehen wird, wobei zu befürchten ist, dass diese Kriege aufgrund der erweiterten technischen Möglichkeiten noch verheerendere Folgen haben könnten als die Kreuzzüge vergangener Zeiten.

Gefordert ist heute nichts Geringeres als eine *globale Konversion von der religiösen Überheblichkeit („Gott will es!!“) zum schlichten Mensch-Sein.* Erst wenn wir uns nicht mehr als Christen, Juden, Muslime, Buddhisten, Hindus oder Atheisten gegenübertreten, sondern als *freie, gleichberechtigte Mitglieder einer mitunter zur Selbstüberschätzung neigenden affenartigen Spezies*, wird sozialer Frieden überhaupt möglich sein.

Grundbedingung hierfür ist, dass diejenigen, die bislang keinen Zugang zu Wissenschaft, Philosophie und Kunst hatten, endlich einen solchen Zugang erhalten. Deshalb zählt die *Verbesserung des Bildungswesens* neben der Aufhebung der gravierenden sozialen (vorwiegend ökonomischen) Missstände zu den wichtigsten Aufgaben der Gegenwart. Hierbei muss vor allem beachtet werden, dass die *rationale Aufklärung über Wesen, Wirkungsweise, Geschichte und gesellschaftliche Funktion der Religion im Allgemeinen bzw. der einzelnen Religionen im Speziellen* nicht länger verdrängt wird,[69] sondern den ihr gebührenden Stellenwert im Bildungssystem erhält.

Gerade auf diesem Gebiet herrscht heute eine *erschreckende Unwissenheit vor – gerade auch unter den so genannten „Gläubigen“*. Merkwürdigerweise kennen selbst diejenigen, die lauthals die „Zehn Gebote“ als Richtschnur des ethischen Verhaltens anpreisen, diese Gebote kaum in ihrem biblischen Wortlaut.[70] Woher auch? Wenn Schülerinnen und Schüler im Religionsunterricht die „Zehn Gebote“ auswendig lernen, wird ihnen nur in seltensten Fällen vermittelt, dass gleich an deren Anfang eine der *barbarischsten, unethischsten Verhaltensrichtlinien der Geschichte* steht: „Du sollst neben mir keine anderen Götter haben [...] Denn ich, der Herr, dein Gott, bin ein eifersüchtiger Gott: Bei denen, die mir feind sind, verfolge ich die Schuld der Väter an den Söhnen, an der dritten und vierten Generation.“[71]

Dass die „Zehn Gebote“ bei vielen Menschen immer noch als ernst zu nehmende ethische Maßstäbe gelten, lässt sich nur als Ausdruck einer katastrophalen Traditionsblindheit und Fehlbildung erklären. Wer weiß schon, dass im 10. Gebot Frauen mit Sklaven (sic!), Tieren und sonstigen „Besitztümern“ in eine Reihe gestellt werden?[72] Oder dass Jahwe wenige Verse nach „Du sollst nicht morden“[73], folgende präzisierende Anweisung gibt? „Eine Hexe sollst du nicht am Leben lassen. Jeder, der mit einem Tier verkehrt, soll mit dem Tod bestraft werden. Wer einer Gottheit außer Jahwe Schlachtopfer darbringt, an dem soll die Vernichtungsweihe vollstreckt werden.“[74]

Noch weniger Gläubige dürften sich im Klaren darüber sein, mit welch kriegstreiberischer „Verheißung“ das so genannte „Bundesbuch“ (der Kanon der Rechtsvorschriften, die Gott Moses übergibt) endet: „Ich sende meinen Schrecken vor dir her, ich verwirre jedes Volk, zu dem du kommst, und alle deine Feinde lasse ich vor dir Flucht ergreifen. Ich lasse vor dir Panik ausbrechen, sie wird die Hiwiter, Kanaaniter und Hetiter vor dir hertreiben. Ich vertreibe sie aber nicht gleich im ersten Jahr; sonst verödet das Land, und die wilden Tiere könnten zu deinem Schaden überhand nehmen. Nur allmählich will ich sie vor dir zurückdrängen, bist du so zahlreich geworden bist, dass du das Land in Besitz nehmen kannst.“[75]

Gewiss: Die Unwissenheit der sog. „Christen“ beschränkt sich nicht bloß auf die Zehn Gebote bzw. das Alte Testament. Wem ist schon bewusst, dass der synoptische Jesus in der ansonsten für biblische Verhältnisse ungewöhnlich sanften „Bergpredigt“ – die wahrscheinlich auf den Einfluss kynischer (also heidnischer!) Wanderprediger zurückgeht![76] – das harmlose, nur gedanklich „unkeusche“ Betrachten einer verheirateten Frau auf eine Weise kommentiert, die jedes Fundamentalisten-Herz vor Entzücken höher schlagen lässt? („Wenn dich dein rechtes Auge zum Bösen verführt, dann reiß es aus und wirf es weg! Denn es ist besser für dich, dass eines deiner Glieder verlorengeht, als dass dein ganzer Leib in die Hölle geworfen wird.“[77])

Ohnehin neigen heutige Christen dazu, die in ethischer Hinsicht peinliche Tatsache zu verdrängen, dass ihrem „Heiland“ offenbar eine ganz spezielle „Endlösung der Ungläubigenfrage“ vorschwebte: Das Himmelreich versprach der „Erlöser“ nämlich nur einer kleinen Schar bedingungslos Gläubiger („Denn viele sind gerufen, aber nur wenige auserwählt“[78]). Dem überwiegenden Teil der Menschheit stellte er dagegen eine Art „jenseitiges Auschwitz“ mit Engeln als Selektionären an der „himmlischen Rampe“ in Aussicht. Anders lassen sich seine häufig wiederholten, pyromanischen Rachefantasien kaum interpretieren: „Der Menschensohn wird seine Engel aussenden, und sie werden aus seinem Reich alle zusammenholen, die andere verführt und Gottes Gesetz übertreten haben, und werden sie in den Ofen werfen, in dem das Feuer brennt. Dort werden sie heulen und mit den Zähnen knirschen.“[79]

Wem all dies noch nicht genügen sollte, um die ethische Kompetenz des vermeintlichen „Buchs der Bücher“ in Frage zu stellen, sollte einmal einen Blick in die „Offenbarung des Johannes“ werfen, jenes „große Trost- und Mahnbuch der Kirche“,[80] mit dem die Bibel ihr grandioses Finale findet. *Aus der gesamten Weltliteratur ist uns kaum ein Text überliefert, der von derart grenzenlosem Sadismus geprägt ist.* Die literarischen Ergüsse des Marquis de Sade wirken demgegenüber beinahe wie naive Gute-Nacht-Geschichten.

Unwissenheit kennzeichnet aber nicht nur den Umgang mit den sog. „heiligen Texten“, sondern auch den Umgang mit der Religionsgeschichte, die man, wie Karlheinz Deschner eindrucksvoll zeigte, nur als „Kriminalgeschichte“ beschreiben darf, will man sich nicht selbst zum Komplizen machen.[81]

Dabei gilt das, was hier nur ansatzweise für die christliche Religion ausgeführt wurde, in durchaus vergleichbarer Weise auch *für alle anderen Religionen – keineswegs nur für die monotheistischen Religionen Judentum, Christentum und Islam.* Es ist ein bedauerlicher Fehlschluss westlicher Intellektueller, dass sie den polytheistischen Religionen in der Vergangenheit immer wieder bessere Zeugnisse ausstellten. Denn auch diese haben es kaum verdient, von der Kritik ausgenommen zu werden.

So sorgte der hinduistische Vielgötterglaube über Jahrhunderte hinweg für ein dogmatisch zementiertes Herrschaftssystem, das Abermillionen von Menschen qua Geburt jegliche Chancen zu sozialem Aufstieg verbaute (Kastensystem). Selbst der Buddhismus, der aus der Kritik des Brahmanentums hervorgegangen war, avancierte im Laufe seiner Entwicklung zu einer überaus wirksamen Ideologie sozialer Unterdrückung.[82]

Worin aber begründet sich diese verheerende Wirkung der Religionen (incl. der politischen Religionen!), deren Blutspur sich wie ein roter Faden durch die Geschichte zieht? Die Ursache liegt nicht bloß in den konkreten Eigenarten von Religion A, B oder C begründet. Die entscheidenden Probleme finden sich bereits auf weit abstrakterer Ebene, nämlich im *religiösen Zugang zur Welt an sich.*

Evolutionäre Humanisten erkennen in dieser Zugangsweise drei fundamentale Gefahren:

- *Erstens*: Religiöses Denken beruht notwendigerweise auf Etikettenschwindel, da es menschliche Wirklichkeitskonstruktionen mit anderen als menschlichen Gütekriterien („Gebot Gottes / der Götter oder Göttinnen", „Schicksal / Karma", „Vorsehung") versieht, was zu einem „unlauteren Wettbewerb der Gedanken" führt. Diese Eigenart des religiösen Denkens macht aus der schönen Idee des Diskurses eine Farce, denn „herrschaftsfreier Dialog" hat als notwendige Voraussetzung, dass die Argumentierenden auf gleichberechtigten Diskussionsebenen miteinander verhandeln. Der religiöse Mensch benutzt im Gegensatz zum nichtreligiösen aber nicht nur Argumente, die in der „Welt des Menschen" beheimatet sind (die gegeneinander abgewogen und modifiziert werden können), er verwendet Argumente, die ihrem Anspruch nach einer „höheren Ebene" angehören (und deshalb durch menschliche Argumente nicht aufgehoben werden können). Durch diese pseudotranszendentale Verstärkung seiner Argumente wird der religiöse Mensch argumentativ unangreifbar. Er steht „über den Dingen", berichtet über „höhere Einsichten". Konsequenz: Er überhöht sich selbst, übervorteilt und erniedrigt seine nichtreligiösen Kommunikationspartner, die in der Kommunikation nicht mit gezinkten Karten spielen.
- *Zweitens*: Religiöses Denken kann durch seine jenseitige und nicht diesseitige Begründungsform jede rationale, menschliche Argumentation außer Kraft setzen und damit eine nicht mehr hinterfragbare *Beliebigkeit der Argumentation* nach sich ziehen. Mit dem *Jenseits* lässt sich bekanntlich jede beliebige „Lüge im Diesseits begründen" (Nietzsche). Schärfer formuliert: Man kann das jenseitsorientierte, religiöse Denken als ein kognitives Virus betrachten, das darauf ausgerichtet ist, das

nach dem Prinzip der Widerspruchsfreiheit agierende, rational-logische Immunsystem der menschlichen Vernunft – zumindest partiell – lahm zu legen. Ist die Vernunft erst einmal mit dem religiösen Virus infiziert (die Infektion geschieht meist in der frühen Kindheit), so ist unter Umständen kein Mythos, keine Erzählung, kein Gedanke absurd genug, um nicht doch noch geglaubt, verbreitet und mit Waffengewalt verteidigt zu werden.

- *Drittens*: Der religiöse Zugang zur Welt ist gekoppelt an eine zutiefst *autoritäre Denkstruktur*. Als „unbedingt wahr" gilt, was Prophet A oder B gesagt hat oder was in dem „heiligen" (deshalb nicht kritisierbaren) Text C steht. Schon zaghafter Widerspruch gilt als Häresie und ist im höchsten Maße angstbesetzt. Hier zeigt sich vielleicht am deutlichsten der Unterschied zum wissenschaftlichen Denken, das gerade darauf angelegt ist, über Kritik, d. h. über stete Versuche der Falsifikation (Widerlegung) bisheriger Überzeugungen vormalige Irrtümer zu überwinden. Während in der Wissenschaft (zumindest von ihrem eigenen Anspruch her!) das *Primat des besseren Arguments* gilt, gilt in der Religion das *Primat der Macht*, welche im Falle der theistischen Religionen angeblich vom mächtigsten aller Herrscher, von „Gott", an seine irdischen „Stellvertreter" verliehen wurde.

Dem „imaginären Alphamännchen" auf der Spur

Evolutionär-humanistische Antworten auf die Frage nach Gott

Evolutionäre Humanisten vertreten ein dezidiert *naturalistisches Weltbild.* Das heißt: Sie gehen vor dem Hintergrund wissenschaftlicher Forschung von einem Bild des Kosmos aus, in dem „alles mit rechten Dingen zugeht",[83] in dem es keine metaphysischen Fabelwesen (Götter, Dämonen, Hexen oder Kobolde) gibt, die auf supranaturalistische (übernatürliche) Weise („Wunder") in das Weltgeschehen eingreifen können. Bedeutet dies aber, dass (angesichts der Faktenlage) jede Gottesvorstellung dem Weltbild des Evolutionären Humanismus prinzipiell widersprechen muss?

Nicht unbedingt. So wäre es mit unseren empirischen Erkenntnissen durchaus vereinbar, „Gott" im Sinne der Mystiker als „Summe allen Seins" zu definieren, als *metaphysisches, unpersönliches Wesen, das jenseits unserer Wahrnehmung den gesamten Kosmos erfüllt.* Evolutionäre Humanisten könnten die Existenz eines *solchen* Gottes nicht bestreiten, da es unsinnig wäre, eine Aussage über die Existenz bzw. Nichtexistenz eines Wesens machen zu wollen, das per definitionem nicht wahrgenommen werden kann.

Das einzige rationale Argument, das man in diesem Zusammenhang vorbringen könnte, wäre, dass man im alltäglichen Sprachgebrauch auf einen *solchen Begriff von Gott* getrost verzichten kann. *Denn ein Gott, der alles umfasst, ist begrifflich von nichts mehr unterscheidbar.* Er wäre Alles und Nichts, Bestandteil von Bibel und Kommunistischem Manifest, von Ringelröschen, Bandwürmern und Vernichtungslagern, von Klöstern und Sexshops, Gottesdiensten und „Abtreibungskliniken", Priesterseminaren und Swingerclubs. Auf einem solchen, alle Eigenschaften umfassenden und damit eigenschaftslosen Gott lässt sich keine Religion begründen, weshalb man von aufklärerischer Seite keine Bedenken gegen eine derartige Gottesvorstellung (bzw. auch gegen eine damit verbundene „rationale Mystik") vorbringen muss.

Völlig anders sieht die Angelegenheit allerdings aus im Falle des *personalen Gottesbegriffs*, der im Zentrum der großen Weltreligionen steht. Hierbei handelt es sich keineswegs um jenen eigenschaftslosen, unpersönlichen, rein metaphorisch gemeinten „Gott" Albert Einsteins, von dem der Physiker nur *eines* zu wissen glaubte, nämlich dass dieser „nicht würfelt". Gläubigen Juden, Christen und Muslimen schwebt vielmehr ein als Person gedachter Gott mit spezifischen Eigenschaften, Interessen und moralischen Wertmaßstäben vor, der mit und in seiner ‚Schöpfung" einen spezifischen „Heilsplan" verfolgt.

Aus diesem Grund können Gläubige auch die Idee einer *göttlichen Schöpfungsgeschichte* nicht einfach aufgeben, selbst wenn diese aufgrund der Ergebnisse der empirischen Forschung nur noch selten in ihrer ursprünglichen Form aufrecht erhalten wird. (Nur noch die Hardcorefraktion der *Kreationisten* [Schöpfungsgläubigen] hält heute noch daran fest, dass die biblische Schöpfungsgeschichte ein ernst zu nehmender Tatsachenbericht sei, dem selbst in kleinsten Details – beispielsweise in Bezug auf das Alter der Erde oder die Abstammung des Menschen – nicht widersprochen werden dürfe.) Angesichts des Drucks der empirischen Daten, die über viele Jahrzehnte gesammelt wurden und deren Veröffentlichung selbst die einst so mächtige Kirche nicht unterdrücken konnte, lässt sich eine solch wortgetreue Auslegung der biblischen Schöpfungsgeschichte zumindest in Europa nur noch schlecht verkaufen. Also lernten die Kreationisten dazu und schufen neue Hilfskonstruktionen, mit denen sie heute versuchen, das *einst Geglaubte* mit dem *nun besser Gewussten* notdürftig in Einklang zu bringen.

Das wichtigste Produkt dieser seltsamen Mixtur aus echtem Glauben und halbherziger Wissenschaft ist die sog. *„Intelligent Design"-Theorie.* Verfechter dieser Theorie wie der amerikanische Philosophieprofessor William Lane Craig versuchen die Erkenntnisse der Kosmologie, Paläontologie und der Evolutionsbiologie in ihren Schöpfungsglauben zu integrieren.[84] Doch so sehr sie sich auch bemühen, wenigstens von ihrem Sprachduktus her wissenschaftlich zu *klingen*, mit Wissenschaft hat das Ganze herzlich wenig zu tun. Der Erklärungswert der Theorie ist gleich Null, Vorhersagen können auf ihrer Basis nicht getroffen, stattgefundene Entwicklungsprozesse nicht nachvollzogen werden.[85]

Schon allein der Begriff „Intelligent Design" ist bei genauerer Betrachtung eine Absurdität sondergleichen. Das wird klar, wenn man das Konzept rational hinterfragt. Denn nehmen wir spaßeshalber einmal an, ein allwissender, allmächtiger Gott habe tatsächlich das Universum geschaffen, *damit* Menschen darin leben und dem von ihm vorgegebenen Heilsplan folgen können, so müssen wir doch fragen, warum er zur Erreichung dieses Ziels soviel *sinnlosen Aufwand* betrieben hat! Warum sollte dieser Gott ein derartig gigantisches Uni- oder gar Multiversum[86] erschaffen haben, das in weiten Teilen keinerlei Leben ermöglicht, wenn es ihm doch eigentlich nur um das Seelenheil jener affenartigen, auf zwei Beinen laufenden Säugetiere ging, die einen winzig kleinen Planeten am Rande der Milchstraße bewohnen? Hätte es für die ihm unterstellten Zwecke nicht völlig genügt, eine kleine Scheibe mit darüber gewölbtem

Firmament zu erschaffen – etwa so wie sich die Verfasser des biblischen Schöpfungsmythos die Welt vorstellten?

Mehr noch: Wie sollen wir uns erklären, dass der hyperintelligente Designer zunächst a) eine ungeheure Vielfalt von Dinosauriern erschuf, später b) einen riesigen Felsbrocken auf deren Heimatplanet einschlagen ließ, damit c) die Dinosaurier wieder aussterben, um so d) Platz zu schaffen für die vermeintliche Krönung der Schöpfung, Homo sapiens sapiens? Wie „intelligent", bitteschön, kann ein „Designer" sein, der eine derartig groteske Arbeitsweise an den Tag legt?! Keine noch so chaotische Grafikagentur, kein Fahrzeughersteller, keine Modefirma, kein Mensch, der halbwegs bei Verstand ist, würde einen Designer mit einer derart verheerenden Kosten-Nutzen-Bilanz einstellen!

Gewiss: Echte Gläubige lassen sich durch solche rationalen Argumente nicht von ihren Vorstellungen abbringen. (Ohnehin ist es schwierig, jemanden *mittels Argumenten* von der Unhaltbarkeit einer Annahme zu überzeugen, zu der er *nicht durch Argumente gefunden hat.*) Auch wenn viele Indizien gegen die Richtigkeit ihres Glaubens sprechen, so können sie sich in der Not doch noch hinter einem letzten Einwand verschanzen, nämlich dem Argument, dass der Kritiker die *Nichtexistenz des von ihnen geglaubten Gottes nicht stringent beweisen kann.*

Aus Gründen der intellektuellen Redlichkeit muss man sogar zugeben, dass dieser Hinweis durchaus berechtigt ist. Aber: Wie könnte es auch anders sein? Es ist prinzipiell so, dass *Nicht-Existenzen nicht bewiesen werden können!* Man könnte behaupten, unser Universum sei in Wahrheit der Verdauungstrakt eines gigantischen, blaugestreiften und doch unsichtbaren Kobolds namens „Gaga Gugelhurz" – und niemand könnte die Nichtexistenz dieses imaginären Wesens beweisen. Allerdings: *Ein solcher Beweis wäre auch nicht notwendig!* Warum? Weil nicht derjenige, der die Existenz des Gugelhurz oder des christlichen Gottes *bestreitet*, Beweise anbringen muss, sondern derjenige, der solch gewagte Thesen *vertritt*.

Dieses Argument entspricht dem *Sparsamkeitsprinzip des wissenschaftlichen Denkens* (auch bekannt als „*Ockhams Rasiermesser*"), das besagt, dass man zur Erklärung eines Phänomens nicht *mehr* unbewiesene Annahmen einführen sollte, als unbedingt erforderlich sind. Da dieses Prinzip zum Verständnis der Wissenschaft und auch zur Abgrenzung von Wissenschaft und Religion von fundamentaler Bedeutung ist, sei es an einem kleinen Beispiel demonstriert:

Vorausgesetzt sind zwei Fakten: 1. Es gab einen Wirbelsturm. 2. Ein Baum wurde entwurzelt. *Wissenschaftlich sinnvoll*, wäre es, die Entwurzelung des Baumes auf einen natürlich entstandenen Wirbelsturm zurückzuführen. *Prinzipiell denkbar* wäre es aber auch, zu behaupten, Außerirdische hätten die Erde inspiziert, dabei sei ein technischer Defekt an einem der Ufos aufgetreten, die plötzlich versagende Antriebstechnik habe einen Wirbelsturm ausgelöst und beim Herabfallen des Ufos sei der Baum beschädigt worden. Um das Fehlen von Indizien für den Ufoabsturz zu erklären, könnte man weiterhin behaupten, seien Spezialagenten der CIA gekommen und hätten alle Spuren des Ufos beseitigt, um das Geheimnis außerirdischen Lebens vor der Öffentlichkeit zu verbergen und weiter ungestört mit extraterrestrischer Technik experimentieren zu können.

Letztere Erklärung, obgleich sie *denkmöglich* ist, entspricht ganz gewiss nicht dem wissenschaftlichen Sparsamkeitsprinzip und ist daher zu verwerfen (zumindest solange wir keine neuen Fakten kennen). Gleiches gilt natürlich auch für die Intelligent Design-Theorie, die viel zu viele unbewiesene Annahmen einführt, um Phänomene zu erklären, die auf andere Weise weit besser, nämlich wissenschaftlich *eleganter*, gedeutet werden können.

Wenn wir „Ockhams Rasiermesser" auf religiöse Phänomene anwenden, erhalten wir für diese weit *plausiblere*

Erklärungen als jene intellektuellen Zumutungen, die uns von religiöser Seite abverlangt werden. So ist beispielsweise die kirchlich beglaubigte Legende, dass 1917 in Fatima angeblich Zehntausende die Sonne „tanzen" sahen, plausibler auf eine sozialpsychologisch zu interpretierende Massenhysterie zurückzuführen als auf ein wirkliches Eingreifen der vermeintlichen „Muttergottes".[87]

Und was bleibt vom *christlichen Auferstehungsglauben* übrig, wenn wir Ockhams Rasiermesser auf die in sich bereits widersprüchlichen biblischen Berichte zur Auferstehung Jesu anwenden? Sollten wir diese wirklich als glaubwürdige Tatsachenbeschreibungen deuten, wie dies die Mehrzahl der Theologen auch heute noch tut? Keineswegs! Weit wahrscheinlicher ist es, dass es sich hierbei bloß um eine *Wunschprojektion seiner Anhänger* handelte bzw. eine *nachträgliche literarische Aufwertung einer Legende durch die Übernahme bekannter Fragmente der heidnischen Mythologie. Im Kern ist das Wunder der jesuanischen Auferstehung nämlich nichts weiter als eine 1 zu 1-Kopie antiker Mythen.* Nicht nur die Göttersöhne Herakles und Dionysos mussten leiden, sterben, auferstehen wie der christliche Messias, das gleiche Auferstehungswunder glückte vor Jesus u. a. auch dem babylonischen Tammuz, dem syrischen Adonis, dem phrygischen Attis sowie dem ägyptischen Osiris.[88]

Wissenschaftlich sparsam lassen sich auch jene *subjektiven Gotteserfahrungen* erklären, von denen manche Menschen (insbesondere solche, die später selig oder gar heilig gesprochen wurden) berichten und die mitunter gar als Belege für die tatsächliche Existenz Gottes gewertet werden. Wie wir wissen, ist das menschliche Gehirn ein ungeheuer komplexes System, das relativ leicht in Ungleichgewicht geraten kann. So gibt es Menschen, die aufgrund neuronaler Anomalien ihr eigenes Gesicht nicht mehr erkennen, Menschen, die ihr Bein amputieren lassen wollen, weil sie das unbezwingbare Gefühl haben, ihnen sei ein falsches Bein über Nacht angenäht worden, Menschen, die in einer Art Zeitschleife leben, Menschen, denen aufgrund von Schädellappenepilepsien am helllichten Tag fliegende Untertassen, Allah oder die Jungfrau Maria erscheinen usw.

Es wäre höchst problematisch, würden wir solchen subjektiven Empfindungen blind vertrauen. Dies gilt insbesondere für sog. religiöse oder spirituelle Erfahrungen, die, wie Studien von Hirnforschern gezeigt haben, u. a. dadurch ausgelöst werden, dass die neuronalen Aktivitäten im oberen Scheitellappen, der für die Orientierung des Individuums im physikalischen Raum verantwortlich ist, partiell abgeschaltet werden.[89] Wer trotzdem das Argument der subjektiven Erfahrung als Argument für die Existenz Gottes begreifen will, muss als Konsequenz auch damit leben, dass jede Elvis-Erscheinung als Beleg für die leibliche Auferstehung des King of Rock'n'Roll gedeutet werden darf.

Halten wir fest: *Wenn wir das Sparsamkeitsprinzip des wissenschaftlichen Denkens ernst nehmen, das sich in der Forschungsgeschichte immer wieder bewährt hat, um gute Theorien von schlechten zu unterscheiden, so bleibt von den bekannten religiösen Mythen nur noch wenig übrig – zu wenig, um darauf noch eine Religion begründen zu können.*

Die spannende Frage, die sich in diesem Zusammenhang stellt, ist, warum die Religionen trotz dieses Mankos in der Geschichte der Menschheit (bis heute!) eine solch bedeutende Rolle spielen konnten. Wie erklären wir uns überhaupt die Tatsache, dass Menschen auf den Gedanken gekommen sind, von Gott (bzw. von Göttern) erschaffen worden zu sein und seinen/ihren Anweisungen sklavisch gehorchen zu müssen?

Zur Erklärung dieses Phänomens lassen sich viele Theorien heranziehen, das *evolutionsbiologische Argument* ist dabei vielleicht das interessanteste und auch provokanteste: Evolutionsbiologisch lässt sich „Gott" als ein *„imaginäres Alphamännchen"* beschreiben, eine typische *Primatenhirn-Konstruktion*, die sich u. a. deshalb etablieren konnte, weil sie einigen Mitgliedern unserer Spezies deutliche Vorteile im Kampf um die Ressourcen verschaffte. Das dahinter stehende Prinzip war und ist denkbar einfach: *Wer es versteht, den Eindruck zu erwecken, einen besonders „guten Draht" zum „jenseitigen Silberrücken" zu besitzen, der kann allein dadurch seine Stellung innerhalb der menschlichen Säugetierhierarchie aufbessern.*

Eigentlich handelt es sich hierbei bloß um eine phantasievolle Erweiterung der Herrschafts- und Machterschleichungsstrukturen, wie wir sie in vielen Säugetiergruppen feststellen können. Auch bei unseren nächsten tierischen Verwandten, den Schimpansen und Gorillas können sich rangniedrige Individuen verbessern, indem sie sich mittels Schmeichelei und Demutsgebärden günstig zum Alphamännchen stellen.

Zwar würde sich kein Affe mit Verstand von einem bloß *imaginären* Alphamännchen beeindrucken lassen, der Mensch aber wird allzu leicht Opfer seiner überbrodelnden Phantasie. So konnte sich ein Herrschaftssystem etablieren, das in der Natur einzigartig ist, auch wenn wir uns auf diese besondere „Kulturleistung" wohl wenig einbilden können. Eines steht nämlich fest: *Für die Vision einer friedvolleren Entwicklung der Menschheit wäre schon viel gewonnen, wenn künftig verhindert werden könnte, dass die behauptete Nähe zu einem „imaginären Alphamännchen" mit deutlichen Rangvorteilen belohnt würde.*

Trotz dieser Kritik ist es nicht von der Hand zu weisen, dass die Gotteshypothese (vor allem in früheren Zeiten) Selektionsvorteile mit sich brachte. (Ansonsten hätte das Phänomen „Religion" kaum bis zum heutigen Tage überlebt!) Zweifellos waren Religionen zu Beginn der kulturellen Evolution des Menschen hilfreich, um undurchschaubare Phänomene zu „verstehen" und den Gruppenzusammenhalt zu stärken. Heute aber, in einer Zeit, in der wir die Naturphänomene auf weit elegantere Weise erklären können, mutet das Festhalten an antiquierten Gottesvorstellungen nicht nur erschreckend unzeitgemäß an, es wird vor dem Hintergrund unserer gestiegenen technischen Machtpotentiale zu einem immer größer werdenden Problem. Es ist wohl nur eine Frage der Zeit, bis der erste Terrorist zu Ehren des Allmächtigen eine „schmutzige" (mit radioaktivem Material angereicherte) Bombe zündet. Auch die ersten Atombomben auf Hiroshima und Nagasaki fielen mit „Gottes Segen"…

Der religiöse Kitt, der trotz aller Bemühungen der Aufklärung noch immer in der Lage ist, riesige Gruppen von Menschen zu binden, sorgt nicht nur für feindselige Abgrenzung zu Anders- und Nichtgläubigen, er ist zugleich der billigste und politisch verheerendste Sprengstoff, den die Menschheit jemals hervorgebracht hat. Dass sich junge Menschen gleich scharenweise im Namen Gottes in die Luft sprengen, gehört zu den verstörendsten Erfahrungen der Gegenwart – nicht zuletzt für jene Weichfilterreligiösen, die dank des aufklärerischen Zähmungsprozesses jeglichen Sinn für die reale Zerstörungskraft authentischer Religion verloren haben. Auch hier lag und liegt ein gefährlicher und unvermindert wirksamer Selektionsvorteil religiöser Propaganda: Kein noch so talentierter Personalchef eines weltlichen Unternehmens könnte einen Menschen zu einer Selbstaufgabe à la 11. September motivieren, potente (d. h. ungezähmte) Religionen schaffen es hingegen spielend, ihre Anhänger bis ans Äußerste ihrer Leistungsbereitschaft zu bringen.

Vor dem Hintergrund des hiermit verbundenen „religiösen Restrisikos", d. h. der sehr realen Gefahr, dass wir die aufklärerische Kontrolle über die Religionen verlieren und dadurch einen „religiösen Supergau" auslösen könnten, steht für evolutionäre Humanisten die *Entlarvung des realen Unsinns, der sich hinter den religiösen Sinnkonstruktionen verbirgt, weit vorne auf der Agenda aufklärerischer Politik.* Stärker als je zuvor sollten wir hinwirken, dass das bei Demagogen zur Bekräftigung der eigenen

Position beliebte Herbeizitieren eines vermeintlich göttlichen Willens bei den Zuhörenden kein ehrfürchtiges Erzittern, sondern heftigste Lachsalven auslöst.

Nur so kann der in letzter Instanz kriegstreiberischen religiösen Gettoisierung der Menschheit entgegengewirkt werden. An ihre Stelle – so die politische Utopie des evolutionären Humanismus – sollte eine bunte, aber doch *einheitlich humane Weltkultur treten*, eine Kultur, die von *Offenheit geprägt ist* – nicht von *Offenbarung*, die *den Menschen dient* – nicht von Menschen geschaffenen Göttern bzw. ihren jeweiligen irdischen Stellvertretern.

Ethik ohne Gott

Eine Entscheidung für den Menschen

Dass wir Menschen ohne verbindliche ethische Richtlinien dastehen würden, wenn Gott nicht existierte, ist selbst heute noch ein von Theologen gern verbreitetes Gerücht. Dabei wurde es schon von Sokrates etwa 400 Jahre vor der angeblichen Geburt des christlichen „Erlösers“ mit guten Argumenten ad absurdum geführt.[90] Die Argumentationsfigur des Sokrates beruhte im Kern auf zwei einfachen Fragen: 1. Sind Gottes Gebote deshalb gut, weil Gott sie gebietet? 2. Wenn ja, wäre es dann moralisch gerechtfertigt, Kinder zu foltern oder zu ermorden, wenn Gott ein entsprechendes Gebot aufstellte?

Das Raffinierte an dieser Fragestellung des Sokrates ist, dass sie den Gläubigen in ein ethisches Dilemma bringt. Entweder er gibt die These auf, Werte seien über Gottes Gebote begründet (was eventuell seinem Glauben widersprechen würde), oder aber er muss akzeptieren, dass Gottes Gebote auch dann noch gültig sind, wenn sie offensichtlich Inhumanes einfordern.

Um sich aus diesem Dilemma zu befreien, könnte der Gläubige behaupten, dass ein allgütiger Gott niemals derartig grausame Gebote erlassen würde. Abgesehen davon, dass dies im Falle des jüdisch-christlich-muslimischen Gottes, der die Ausrottung ganzer Völker befohlen hat,[91] nicht stimmt, so würde ein solcher Lösungsversuch nur zeigen, dass der Gläubige – losgelöst von allen vermeintlichen göttlichen Vorgaben! – über eigene moralische Standards verfügt, anhand derer er eigenmächtig Gottes Güte beurteilt. Dies wiederum wäre ein Beleg dafür, dass der Gläubige seine eigenen Werte bloß auf Gott projiziert – und nicht, wie er meint, eigene Werte von diesem ableitet.

Tatsächlich haben Menschen in der Geschichte immer wieder ihre historisch gewachsenen Wertvorstellungen als Gebote Gottes ausgegeben und dadurch argumentativ unangreifbar gemacht, was meist mit fatalen gesellschaftlichen Konsequenzen verbunden war. Weil sich Menschen Gott stets nach dem eigenen historischen Ebenbild schufen, musste der Gott des Alten Testaments in erschreckender Permanenz Vernichtungskriege gegen gegnerische Völker führen, glaubten Christen bis in die jüngste Vergangenheit hinein, ihre heilige Pflicht vor Gott bestünde darin, Juden als vermeintliche Gottesmörder zu verfolgen, wurde nach den schrecklichen Erfahrungen der beiden Weltkriege in Europa (als es sich nicht mehr schickte, an einen Gott zu glauben, der Ungläubige „in den Ofen wirft") ein pazifistisch anmutender Gott der Nächstenliebe aus der theologischen Mottenkiste hervorgezaubert, während die aktuelle amerikanische Version des Christengottes seinen Segen spendet für völkerrechtswidrige Kreuzzüge wider das sog. „Böse".

Angesichts der hier zum Vorschein kommenden *Beliebigkeit der religiösen Wertmaßstäbe* ist es schon einigermaßen grotesk, dass gebildete Menschen auch heute noch glauben, über den Verweis auf Gott ethisch *verbindliche Werte* generieren zu können. So meinte etwa der christliche Reformtheologe Hans Küng zur Begründung seines religiös fundierten *Projekt Weltethos*: „... das Kategorische des ethischen Anspruchs, die Unbedingtheit des Sollens, lässt sich nicht vom Menschen, vom vielfach bedingten Menschen her, sondern nur von einem Unbedingten her begründen: von einem Absoluten her, das einen übergreifenden Sinn zu vermitteln vermag und das den einzelnen Menschen, auch die Menschennatur, ja, die gesamte menschliche Gemeinschaft umfasst und durchdringt."[92]

Ganz offensichtlich ist es Küng niemals aufgefallen (bzw. er hat es verdrängt), dass gerade die Religionen seit jeher exakt das getan haben, was er ausgerechnet den „säkularen Pseudoreligionen" (gemeint sind u. a. „die atheistische Göttin Vernunft" und die „Wissenschaft"[93]) anlastet, nämlich, *dass sie etwas bloß „Relatives" verabsolutieren.* Bei solch umfassender Faktenblindheit verwundert es nur wenig, dass Küng behauptete, ausgerechnet in den religiösen Quellentexten der Weltreligionen (beispielsweise der Bibel oder dem Koran) jenes sog. „Humanum" gefunden zu haben, auf das sich ein globales Weltethos gründen könne. Angesichts einer solchen Meisterleistung intellektueller Unredlichkeit können konsequente Aufklärer nur erstaunt mit dem Kopf schütteln.[94]

Klar ist: Wer auch nur halbwegs redlich mit diesen „heiligen Texten" umgeht, der weiß, dass sie mit Humanität, mit der Gewährung von Menschenrechten, Demokratie, Meinungsfreiheit etc., herzlich wenig zu tun haben. Würden sich Küng und seine Anhänger nicht kontinuierlich selbst belügen, müssten sie zugeben, *dass sämtliche religiösen Quellentexte weit unter dem ethischen Mindeststandard jeder halbwegs zivilisierten Gesellschaft stehen.*

Dies gilt nicht nur für die in diesen Texten enthaltenen *göttlichen Gebote* (beispielsweise die Forderung nach der Todesstrafe für homosexuelle Handlungen[95] oder Glaubensabfall in den Quellentexten des Judentums, Christentums und des Islam), sondern auch für das dort angeblich dokumentierte *Verhalten der vermeintlich obersten, moralischen Autorität* (Gott).

Als *ethisches Vorbild für unsere Zeit* taugt der Gott der Juden, Christen und Muslime gewiss nicht. Im Gegenteil. Wäre die Bibel tatsächlich „Gottes Wort", müsste man den in ihr wirkenden göttlichen Tyrannen gleich mehrfach wegen *kolossaler Verbrechen gegen die Menschlichkeit* anklagen! *Kein noch so verkommenes Subjekt unserer Spezies hat jemals derartig weitreichende Verbrechen begangen, wie sie vom Gott der Bibel berichtet werden!* Man denke nur an die völlige Auslöschung von Sodom und Gomorra[96], den weltweiten Genozid an Menschen und Tieren im Zuge der sog. „Sintflut"[97] oder aber an die für Christen und Muslime verbindliche Androhung ewiger Höllenqual, gegen die jede irdische und damit endliche Strafmaßnahme verblassen muss.

Alte Werte – neue Scheiterhaufen?

Warum die Menschenrechte gegen den erbitterten Widerstand der Religionen erkämpft werden mussten

Ist man sich der streckenweise kaum überbietbaren Grausamkeit der religiösen Quellentexte bewusst, wundert man sich kaum noch über die Kriminalgeschichten jener Religionen, die sich auf diese Texte bezogen. Die Kreuzzüge, Hexenverbrennungen, Ketzerverfolgungen, die über Jahrtausende sich erstreckende systematische Ausbeutung und Abschlachtung anders- bzw. nichtgläubiger Menschen – all dies hatte zwar *auch* außerreligiöse Ursachen, aber es war keineswegs so, dass die heiligen Texte hier in irgendeiner Weise als ethisches Korrektiv hätten wirken können. Vielmehr verschafften sie den Tätern beste Rechtfertigungsargumente für ihr mörderisches Treiben. Wer tat, was Gott ihm vermeintlich befohlen hatte – nicht umsonst standen die Kreuzzüge unter dem verführerischen Werbeslogan „Gott will es!"– musste selbst im Falle schlimmster Gräueltaten nicht mit Gewissensnöten kämpfen. Nach vollzogenem Gotteskriegsgeschäft wusch man die blutgetränkten Hände in Unschuld und schlief den sanften Schlaf der Gerechten.[98]

Vergegenwärtigt man sich dies, könnte einem angst und bange werden, wenn man hört, dass europäische Politiker mit Blick auf den angeblichen „Verfall der Werte" immer wieder die sog. „christliche Wertegemeinschaft" ins Gedächtnis rufen. Ob Ihnen bewusst ist, dass eine ernst gemeinte Besinnung auf die alten, christlichen Werte das

Brennen neuer Scheiterhaufen provozieren würde? Glücklicherweise dürfen wir unterstellen, dass 99 von 100 Politikern überhaupt nicht wissen, was sie eigentlich damit aussagen, wenn sie in der politisch-ethischen Debatte eine Rückbesinnung auf originär „christliche Werte" einklagen. Wahrscheinlich verwechseln sie bloß aufgrund mangelhafter humanistischer Bildung die Werte des Christentums mit den Werten der Aufklärung. (Eine Pisa-Studie auf weltanschaulichem Gebiet würde – so ist zu befürchten – selbst in der obersten Politikerkaste Europas katastrophale Ergebnisse erbringen.)

Halten wir deshalb unmissverständlich fest: Es ist eine historisch unumstößliche Tatsache, *dass die fundamentalen Rechte (insbesondere die Menschenrechte), die die Grundlage für eine moderne, offene Gesellschaft bilden, keineswegs den Religionen entstammten, sondern vielmehr in einem Jahrhunderte währenden säkularen Emanzipationskampf gegen die Machtansprüche dieser Religionen durchgesetzt werden mussten.*

Die tausend Jahre, in denen das Christentum in Europa allein tonangebend war, zählen nicht von ungefähr zu den rückschrittlichsten Epochen unserer Geschichte – sowohl auf technischem wie auf ethischem Gebiet.[99] Es bedurfte schon der *Renaissance*, einer Zeit, in der die alten heidnischen Texte wieder entdeckt wurden, damit in Europa zaghaft wieder erste Schritte in Richtung eines offeneren, humaneren Weltbildes gegangen werden konnten. Doch die Blüte des Renaissance-Humanismus, die auf dem noch weitgehend religiös geprägten Boden ohnehin nur spärlich gedeihen konnte, währte nicht lang. Bald schon geriet sie unter die Räder der weltlich-klerikalen Restauration, die das Licht dieser schüchternen, unfreiwillig säkular wirkenden Emanzipationsbewegung mit lodernden Scheiterhaufen verdrängte und all ihre Macht einsetzte, um jeden Schritt hin zu größerer Freiheit des Denkens und Handelns gleich im Keim zu ersticken.

Erst die Aufklärungsbewegung des 18. Jahrhunderts vermochte, unterstützt durch die politischen Erschütterungen der Französischen Revolution sowie durch die ökonomischen Veränderungen, die aus dem Übergang von Feudalismus zu Kapitalismus erwuchsen, der Idee der Menschenrechte neuen Auftrieb zu geben. Dabei waren die entschiedensten Anwälte der Menschenrechtsidee wie der Amerikaner Thomas Paine (1737-1809), der nicht nur vehement gegen die Sklaverei ankämpfte, sondern mit seiner Schrift *Rights of Man* zu einem wesentlichen Wegbereiter der erst 1948 verabschiedeten *Allgemeinen Erklärung der Menschenrechte* wurde, zugleich die schärfsten Kritiker der organisierten Religion. Wohlgemerkt: Dieses Zusammenspiel von Menschenrechtspolitik und Religionskritik war alles andere als ein Zufall, vielmehr die Reaktion auf die Tatsache, dass den Verteidigern der Menschenrechte gerade von religiöser Seite heftigster Gegenwind ins Gesicht wehte.

Dass einigen der ehrbaren Christen von damals Menschenrechtler wie Paine geradezu als „Agenten des Teufels" erschienen, ist vor dem Hintergrund ihres Glaubens nur allzu verständlich. Hatte denn nicht Gott höchstpersönlich (u. a. mit dem 10. Gebot) die Rechtmäßigkeit der Sklaverei bekundet? Hatte nicht schon der Apostel Paulus im Korintherbrief deutlich gegen die Freilassung von Sklaven argumentiert?[100] Mussten diese ehrbaren Christen die Vorstellung, die Menschen seien frei und gleich geboren, nicht zwangsläufig als besonders infame Gotteslästerung begreifen? Verlangte die heilige Schrift denn nicht eindeutig, dass sich der Mensch als Sklave Gottes[101] verstand – also keineswegs als ein autonomes, nach persönlichem Glück strebendes Individuum?

Wie stark der Widerwille gegen das neuzeitliche, freie, humane Denken in christlichen Kreisen ausgeprägt war, zeigt kaum ein Dokument so deutlich wie der berühmt-berüchtigte *Syllabus* von Pius IX. aus dem Jahr 1864. Der im „Heiligen Jahr“ 2000 von Johannes Paul II. selig gesprochene Pontifex verdammte in dieser Sammlung vermeintlicher „Irrtümer“ nahezu alle Errungenschaften der Moderne: Rationalismus, Naturalismus, Liberalismus, Demokratie, Trennung von Staat und Kirche. Nicht minder scharf verurteilten der Lehrentscheid des 1. Vatikanischen Konzils von 1869-1870 sowie der sog. „Antimodernisteneid“ (Dekret des Hl. Offiziums „Lamentabili“) aus dem Jahr 1907 derartige „Irrtümer der Moderne“.

Nachdem Pius XII. noch 1950 dekretiert hatte, die Freiheit des Christenmenschen ende dort, wo gelehrt werde, die Menschheit stamme nicht von dem einzigen, wahrhaftig von Gott erzeugten Adam ab (wichtig für die Lehre der Erbsünde, die den Menschen zum untertänigen Gottesknecht macht),[102] konnte sich Johannes XXIII. 1961 in der Enzyklika „Mater et Magistra“ immerhin erstmalig zur Anerkennung der Menschenrechte durchringen. Allerdings geschah dies nicht aus religiösen Gründen, sondern als Reaktion auf den gesellschaftlichen Druck der bereits stark fortgeschrittenen Säkularisierung. All jene, die damals naiverweise glaubten, dieses sprachliche Zugeständnis an die Moderne würde tatsächlich grundsätzliche Veränderungen in der vatikanischen Politik hervorrufen, sahen sich so auch bald getäuscht.

Der Machtapparat der Kirche hielt natürlich weiterhin am Führerprinzip des bedingungslosen Gehorsams fest, Glaubensabweichler wurden weiterhin rigoros abgestraft (zwar nicht mehr durch Scheiterhaufen, sondern nur noch durch Rede-, Lehr- und Veröffentlichungsverbote), Geschiedene, die sich wiederverheirateten, mussten weiterhin für die Wahrnehmung dieses Grundrechts mit dem Verlust ihres Arbeitsplatzes zahlen (sofern die Kirche hierauf Einfluss hatte) und selbstverständlich fand auch die Idee der Gleichberechtigung der Geschlechter keinen Niederschlag in der Kirchenpolitik, ebenso wenig wie das Recht homosexueller Menschen, ein ihren Neigungen entsprechendes Leben führen zu dürfen.

Gewiss: Derjenige, der von der römischen Kurie überhaupt derartig weitreichende Reformen fordert, hat offensichtlich das Grundprinzip des religiösen Glaubens nicht verstanden (hierzu zählen wohl auch die Mitglieder der Kirchenvolksbewegung „Kirche von unten"). *Denn natürlich ist eine religiöse Organisation kein aufklärerischer Debattierclub, in dem das bessere, humanere, fortschrittlichere Argument zählt. Wer von göttlich offenbarter Wahrheit ausgeht, kann nicht plötzlich einlenken, die Überlegenheit weltlicher Argumente anerkennen und sagen: „Uups, da haben wir uns wohl geirrt."* Er muss vielmehr beharrlich festhalten an den heiligen Dogmen, die als für alle Zeiten verbindlich gelten, kann sie im besten Falle so auslegen, dass sie nicht ganz so antiquiert erscheinen, wie sie es in Wirklichkeit sind.

Allerdings: Diese Uminterpretationsleistung in Richtung einer Lightversion der Religion, für die in Deutschland etwa die Namen Eugen Drewermann oder Hans Küng stehen, ist ein heikles Spiel. Erweckt man den Eindruck, dass einige fundamentale Glaubensüberzeugungen gänzlich fallen könnten, so steigt die Gefahr, dass das gesamte religiöse Weltbild wie ein Kartenhaus in sich zusammenbricht.

Dieser Gefahr sind sich die Verantwortlichen der katholischen Kirche sehr bewusst, insbesondere der aktuelle Papst Benedikt XVI., der als Vorsitzender der Glaubenskongregation entschieden gegen alle Verweltlichungs- und Demokratisierungstendenzen innerhalb der Kirche ankämpfte. Gerade er dürfte wissen, dass eine „Perestroika-Politik" innerhalb der Kirche die gleichen katastrophalen Folgen heraufbeschwören würde, unter denen schon die KP-Chefs des Ostblocks zu leiden hatten: Das dogmatisch zementierte Machtsystem würde notwendigerweise kollabieren.

Daher wäre es absurd, ausgerechnet von der katholischen Amtskirche eine wirklich tiefer gehende Akzeptanz der auf säkularem Boden wurzelnden Menschenrechte zu erwarten. Je genauer man hinschaut, desto klarer zeigt sich, dass die zugrunde liegenden Menschen- und Weltbilder schlichtweg inkompatibel sind. Deshalb ist es auch nur konsequent, dass der Vatikan bis heute die *Europäische Menschenrechtskonvention* nicht ratifiziert hat.

Allerdings soll hier keineswegs der Eindruck erweckt werden, der Katholizismus sei auf christlicher Seite das alleinige Problem. Wahr ist vielmehr, dass die *orthodoxen Kirchen* die Fortschrittsfeindlichkeit der katholischen häufig genug übertrumpft haben. Und auch im *protestantischen Lager* sah (und sieht) die Situation insgesamt keineswegs besser aus.

Dass die evangelischen Christen bislang weniger ins Visier der Kritik gerieten, verdanken sie vor allem ihrer unübersichtlichen Organisationsform. Dem Kritiker fällt es schwer, ein Spektrum zu beschreiben, das von weitgehend säkularisierten (mitunter nur noch christliche Worthülsen gebrauchenden) Kirchen (Beispiel: *EKD*) bis hin zu offen fundamentalistischen Gruppierungen (evangelikale Freikirchen, „wiedergeborene Christen“ etc.) reicht. Immerhin: Grob lassen sich diese höchst unterschiedlichen Strömungen doch irgendwie einordnen. Und zwar gilt: *Je stärker die einzelnen evangelischen Gruppierungen der Anweisung Luthers folgen, das gesamte Leben auf das Evangelium hin auszurichten, desto stärker ausgeprägt war (und ist!) die Abscheu gegenüber den Errungenschaften der modernen Zivilisation. Kurzum: Je bibeltreuer (also evangelischer), desto inhumaner.*

Für einen halbwegs aufgeklärt denkenden Protestanten dürfte es kaum eine peinlichere Erfahrung geben als die Lektüre der Texte Martin Luthers. Auch wenn man die Bedeutung Luthers für die Entwicklung einer lebendigen deutschen Schriftsprache bzw. seine Leistungen in Bezug auf die Überwindung römisch-katholischer Machtansprüche nicht unterschätzen darf, so war der Reformator doch keineswegs ein Vorreiter der Emanzipation. Im Gegenteil! Im blinden Vertrauen auf die ewige Wahrheit der Bibel forderte Luther u. a. die Ermordung sog. „Hexen“ (von deren Teufelsbesessenheit er, der sich zeitlebens von dem „bösen Feind“ verfolgt fühlte, überzeugt war[103]), die vollständige Vertreibung der Juden (kein Haus dieser vermeintlichen Gottesmörder sollte nach Luthers Überzeugung stehen bleiben![104]) sowie die gnadenlose Eliminierung der aufständischen Bauern (denen er ebenfalls vorwarf, vom Teufel besessen zu sein, weil sich diese im scharfen Widerspruch zu den Geboten der „Heiligen Schrift“ gegen die angeblich von Gott eingesetzten weltlichen Herrscher aufgelehnt hatten[105]).

Man sollte sich also nicht wundern, dass Luthers Nachfolger meist ins gleiche Horn stießen. So waren es gerade auch *evangelische Christen*, die dem Menschenrechtler Thomas Paine das Leben zur Hölle machten, evangelische Christen, die Atombomben segneten, Jagd auf dunkelhäutige Menschen machten, Abtreibungsbefürworter lynchten, für die Ausweitung und Beibehaltung der Todesstrafe eintraten usw. Auch sind es heute vor allem evangelische Christen, die weltweit gegen die Evolutionstheorie und den Sexualkundeunterricht anrennen und für die Wiedereinführung der Prügelstrafe in der Schule plädieren[106] (entsprechend dem alttestamentarischen *Buch der Sprichwörter*: „Wer die Rute spart, hasst seinen Sohn, wer ihn liebt, nimmt ihn früh in Zucht“[107] bzw. dem neutestamentarischen *Brief an die Hebräer*: „Denn wen der Herr liebt, den züchtigt er; er schlägt mit der Rute jeden Sohn, den er gern hat. Haltet aus, wenn ihr gezüchtigt werdet. Gott behandelt euch wie Söhne. Denn wo ist ein Sohn, den sein Vater nicht züchtigt?“[108]).

Wie stark das vormoderne Denken gerade unter evangelischen Christen verbreitet ist, belegt die Tatsache, dass der Katholizismus aller Dogmatik zum Trotz in den protestantisch dominierten USA als eine verhältnismäßig liberale, fortschrittliche Glaubensrichtung gilt. Viele amerikanische Fundamentalisten sehen im Papsttum gar die verachtungswürdige „Hure Babylon", wird doch in Vers 17,9 der Johannesoffenbarung verkündet, dass diese auf „sieben Bergen" thront, genauso wie Rom, das auf sieben Hügeln liegt. Auf diese Weise erklären sich Amerikas Evangelikale übrigens auch die verwerfliche Liberalität des „alten Europas": Dass nämlich die *EU* ihre Existenz den *Römischen Verträgen* verdankt, macht Europa in der evangelikalen Lesart des Neuen Testamentes zu einem Werkzeug des Teufels. Insofern ist es für echte evangelikale Christen bloß ein weiterer Beleg für die Richtigkeit des amerikanischen „Kreuzzugs wider das Böse", dass sich die moralisch verkommenen (säkularisierten) Europäer so schlecht mit der gottgewollten Alleinherrschaft Amerikas abfinden wollen.

Alles in allem kann man Joachim Weiner nur beipflichten, der unlängst in einem Radiofeature zum Thema „Religion in der säkularen Gesellschaft" in bemerkenswerter Klarheit formulierte, was ansonsten außerhalb dezidiert religionskritischer Kreise meist schamhaft verschwiegen wird: „Auch wenn Europa bis zum Beginn der Neuzeit fast vollständig unter dem machtvollen Einfluss des Christentums gestanden hat und die westliche Kultur bis heute mit christlichem Gedankengut durchsetzt ist, können Menschenrechte und Demokratie nicht dem Konto des Christentums gutgeschrieben werden, musste doch jedes einzelne Menschenrecht dem Christentum im Zuge des durch die Aufklärung in Gang gesetzten Säkularisierungsprozesses in einem erbitterten Machtkampf abgerungen werden. […] Wer deshalb heute glauben machen will, dass es sich bei den Menschenrechten nur um eine säkularisierte Variante des christlichen Wertebestandes handelt, verkennt […] die Radikalität des Bruches, den die Aufklärung mit der christlichen Werteordnung und dem dazugehörigen Menschenbild vollzogen hat."[109]

Selbstverständlich: Man könnte dies alles ohne Abstriche auch im Hinblick auf die nicht-christlichen Religionen formulieren, insbesondere auf den Islam. Allerdings stellt sich dort das Problem nicht in vergleichbarer Weise, da bislang niemand ernsthaft behauptet hat, die Errungenschaften der Moderne stünden auf islamischem Fundament. Dabei könnten die Muslime immerhin darauf verweisen, dass es Gelehrte des islamischen Kulturraums waren, die die Werke der vorchristlichen Klassiker über die Zeit retteten und auf diese Weise gewissermaßen Schützenhilfe dafür leisteten, dass sich später in Europa überhaupt ein Renaissance-Humanismus entfalten konnte.

Durch die verhältnismäßig frühe Integration des Erbes der klassischen Antike (etwa 8 bis 10. Jahrhundert) war die muslimische Kultur zeitweise der christlichen in jeglicher Hinsicht (intellektuell, technisch, ethisch) überlegen. Sie brachte scharenweise Aufklärer, Skeptiker, Rationalisten und Freidenker hervor, darunter Ausnahme-Gelehrte wie der in der Nähe Teherans geborene Arzt und Philosoph Al-Razi (865-925), der als einer der bedeutendsten Mediziner aller Zeiten gilt.[110] Unter dem Einfluss griechischer Philosophie verfasste Al-Razi über 200 Schriften, u. a. die erste empirisch sorgfältige Abhandlung über Infektionskrankheiten (Pocken und Masern) sowie eine umfangreiche medizinische Enzyklopädie, die 300 Jahre nach seinem Tod ins Lateinische übertragen wurde und bis ins 16. Jahrhundert hinein als eines der wichtigsten Standardwerke der Medizin galt.

Al-Razis unzeitgemäßer, weil konsequent rational-empirischer Zugang zu den Fragestellungen der Naturwissenschaft schlug sich auch in seiner praktischen Philosophie nieder. Er vertrat die Auffassung, dass die Menschen von Natur aus gleich seien, mit Vernunft begabt und fähig, in Gemeinschaften zu leben – auch ohne den Terror „heiliger Gesetze". Al-Razi vertraute auf eine Förderung der Vernunft, von der er sich weitere Fortschritte in der Wissenschaft erhoffte. Den religiösen Propheten hingegen warf er vor, Lügen zu verbreiten und die Massen zu verdummen. Ihre Wunder beruhten auf Täuschungen oder seien bloß Schwindeleien.

Schon Al-Razi war klar, dass weder die Bibel noch die Torah noch der Koran (!) die Wahrheit berichteten. In Letzterem sah er nichts weiter als ein „befremdendes Gemenge von absurden und unzusammenhängenden Fabeln“.[111] Die Religionen, kritisierte Al-Razi, seien Hauptverursacher der blutigen Konflikte, die die Menschheit verheert hätten, ihre heiligen Schriften seien wertlos und hätten insgesamt mehr Schaden als Nutzen angerichtet, „während die Schriften der alten Weisen, wie des Platon, des Aristoteles, des Euklid und des Hippokrates, der Menschheit einen viel größeren Dienst erwiesen haben“.[112]

Es ist eine Tragödie weltgeschichtlichen Ausmaßes, dass die muslimisch geprägten Länder an die frühe Aufklärungsbewegung, die verbunden ist mit den Namen Al-Razi, Al-Farabi, Ibn Badjja, oder Al-Ma'arri, nicht anknüpfen konnten, sondern stattdessen immer wieder von Wellen der Re-Islamisierung heimgesucht wurden. Wie anders sähe die Welt heute aus, wenn sich diese Aufklärer muslimischer Herkunft stärker hätten durchsetzen können!

Fest steht: Während der aufklärerische Zähmungsprozess der Religion in Europa immer weiter voranschritt und letztlich sogar zur Folge hatte, dass europäische Christen die Werte der Aufklärung mit den völlig anders gearteten Werten des Glaubens verwechseln, blieb im muslimischen Kulturraum die *radikale Differenz zwischen säkularem und religiösem Denken* erhalten. Auf diese Weise konnte sich der Islam in durchaus *authentischer Form* am Leben erhalten – anders als das europäische Christentum, das heute eher einer *folkloristischen Religionsattrappe* gleicht als einer vitalen Religion.

Dass der Islam gegenwärtig deutlich bedrohlicher wirkt als das Christentum, ist keineswegs darauf zurückzuführen, dass, wie manche behaupten, der Koran menschenverachtender sei als die Bibel (in punkto „Inhumanität“ halten sich die „heiligen Schriften“ in etwa die Waage, auch wenn der Koran mitunter zu drastischeren Formulierungen neigt), *sondern dass die Muslime im Gegensatz zu den Christen ihr „Wort Gottes“ tragischerweise mehrheitlich noch ernst nehmen*. Während die meisten Christen gar nicht mehr wissen, was sie eigentlich glauben sollten[113] (Traditionsblindheit zweiter Ordnung: Religion light), akzeptieren viele Muslime – „ohne Wenn und Aber“, d. h. unberührt von allen vernünftigen Gegenargumenten! – all die Absurditäten und Grausamkeiten, die der Glaube ihnen abverlangt (Traditionsblindheit erster Ordnung: Fundamentalismus).

Die Folgen dieser ungezähmten, authentischen Religiosität sind verheerend. Angesichts der infamen Weise, in der „Ungläubige“ im Koran verunglimpft werden, braucht man sich nicht wundern, mit welch tiefer Verachtung „echte Muslime“ ihren Glaubensfeinden gegenübertreten. Wie im heiligen Buch Allahs, des unhinterfragbaren Richters über Gut und Böse, berichtet wird, wartet auf die Ungläubigen am „jüngsten Tag“ nicht bloß das „ewige Feuer“, sie werden in der Hölle mit „Eiterfluss“ und „Jauche“ getränkt,[114] sie erhalten einen „Trunk aus siedendem Wasser“,[115] das ihnen die „Eingeweide zerreißt“,[116] werden mit „eisernen Keulen“ geschlagen,[117] müssen Kleidungsstücke aus flüssigem Kupfer und Teer tragen[118] und vieles mehr. Mit Barmherzigkeit oder Mitleid darf der ewig gemarterte Ungläubige weder von Seiten Allahs noch von seinen treuen Untergebenen rechnen. Im Gegenteil: Die Gläubigen, die diese unmenschlichen Strafaktionen dereinst sehen werden, werden sich – so die frohe Botschaft des Korans – freuen und die Ungläubigen verlachen.[119]

Doch beschränkt sich Allah im Koran nicht bloß auf sadistische Jenseits-Verheißungen, er erteilt *auch praktische Anweisungen fürs Diesseits*, etwa: „Wenn ihr (auf einem

Feldzug) mit den Ungläubigen zusammentrefft, dann haut (ihnen mit dem Schwert) auf den Nacken! Wenn ihr sie schließlich vollständig niedergekämpft habt, dann legt (sie) in Fesseln, (um sie) später entweder auf dem Gnadenweg oder gegen Lösegeld (freizugeben)."[120] Außerdem lässt es sich der Allmächtige in diesem Zusammenhang nicht nehmen, das Drehbuch vorzugeben, nach dem sich jeder anständige muslimische Gotteskrieger zu richten hat: Während Allah den Suizid allgemein untersagt, verheißt er jenen, die sich in Allahs Namen und zur Bekräftigung des Glaubens umbringen, gewaltigen Lohn.[121] Den Kriegern, die im Heiligen Krieg fallen, verspricht er, dass sie als Märtyrer ins Paradies eingehen werden.[122] Was das Schicksal ungläubiger Gefangener betrifft, gibt er den immer wieder gern befolgten Tipp, dass nicht alle getötet werden müssen – sofern sie gutes Lösegeld erbringen, könnten sie auch freigelassen werden.[123] Immer wieder wird im Koran betont, wie sehr Allah die Ungläubigen hasst,[124] dass es für jeden gläubigen Muslim eine heilige Pflicht sei, die Rache Gottes an den Ungläubigen zu vollziehen. Wer sich von dieser Pflicht zum Heiligen Krieg drücke (ausgenommen sind allein kranke, blinde, lahme oder schwache Männer sowie Frauen und Kinder[125]), der werde unweigerlich zur Hölle fahren und mit den schlimmsten Strafen Allahs belegt werden.[126]

So eindeutig die Quellenlage auch ist, viele westliche Intellektuelle versuchten in den letzten Jahren mit aller Spitzfindigkeit, die Bedeutung der Religionen für die gegenwärtigen weltpolitischen Konflikte herunter zu spielen. Der Nahost-Experte der *Süddeutschen Zeitung* verstieg sich (kurz nach dem Anschlag auf das *World Trade Center*!) sogar zu der Behauptung, die von Islamisten begangenen Terroraktionen hätten „mit dem Islam ebenso wenig gemein wie die christlichen Kreuzzüge mit der Bergpredigt".[127] Für diesen Satz erhielt er zwar erwartungsgemäß viel Applaus (schließlich ist eine solche Haltung im höchsten Maße political correct), doch: *Was doppelt falsch ist, ist noch lange nicht richtig!*

Denn natürlich trug die im Neuen Testament (auch in der Bergpredigt!) angedrohte Höllenqual für Ungläubige und Glaubensabweichler maßgeblich zur Legitimation der Abschlachtung von Andersdenkenden bei und ebenso klar ist, dass die im Koran beschworene und von Mohammed höchst daselbst umgesetzte Pflicht zum „Heiligen Krieg" eine hervorragende Rechtfertigung für jeden noch so brutalen Terroranschlag darstellt.[128]

Vor dem Hintergrund der erschreckenden Kurzsichtigkeit (oder Feigheit?) westlicher Intellektueller, die heute mehrheitlich davor zurückschrecken, die menschenverachtenden, patriarchalen Normen der Weltreligionen überhaupt wahrzunehmen, muss man es als wahren Glücksfall werten, dass in letzter Zeit zunehmend aufklärerische Bücher von Autoren muslimischer Herkunft erschienen sind. Autoren und Autorinnen wie Ibn Warraq[129] oder Necla Kelek[130] unterziehen nicht nur die kulturelle Rückständigkeit ihrer ehemaligen Glaubensbrüder und -schwestern einer scharfen Kritik, sie scheuen sich auch nicht davor, den westlichen Intellektuellen vorzuwerfen, im Kampf gegen die religiös inspirierten Feinde der offenen Gesellschaft eklatant versagt zu haben. Mit ihren erfrischend lebendigen „Plädoyers wider die falsche Toleranz" greifen diese Islamkritiker/innen ein wesentliches, fast schon verloren geglaubtes Element der aufklärerischen Tradition wieder auf: *Für die Aufklärung nämlich war Toleranz niemals ein „Wert an sich"*. Aus gutem Grund: Wer wirklich im Sinne der Aufklärung für Wahrheit und Humanität wirken möchte, der kann und darf das offensichtlich Inhumane nicht tolerieren – auch dann nicht, wenn es sich auf eine Jahrhunderte alte „heilige" Tradition stützen kann.

Ob die heutigen aufklärerischen Impulse postislamischer Intellektueller noch einmal – wie vor etwa 1000 Jahren – zu einer Wiederbelebung des Projekts der Aufklärung in Europa beitragen können? Zu hoffen wäre dies allemal. Schließlich ist nicht zu übersehen, dass – wenn die Prinzipien der Aufklärung heute nicht entschieden verteidigt werden – im schlimmsten Fall ein Szenario Wirklichkeit werden könnte, mit dem die Aufklärer vergangener Epochen niemals gerechnet hätten. Immanuel Kant war noch davon überzeugt, dass die ihm nachfolgenden Generationen entweder in einem „aufgeklärten Zeitalter" oder zumindest in einem „Zeitalter der Aufklärung" leben würden,[131] es wäre ihm kaum in den Sinn gekommen, dass die Menschheit 200 Jahre nach seinem Tod auf ein „Zeitalter religiöser Gegenaufklärung" zusteuern könnte, in dem Gotteskrieger verschiedenster Couleur den Takt vorgeben, nach dem die gesellschaftlichen Verhältnisse zu tanzen haben. Doch genau mit dieser Gefahr sind wir heute konfrontiert.

Kant versprach den „ewigen Frieden“ – gekommen ist Auschwitz...

Das Problem der halbierten Aufklärung

Dass sich die fortschrittsoptimistischen Prognosen der Aufklärer nicht erfüllten, war spätestens Mitte des 20. Jahrhunderts evident. Die Diskrepanz war offensichtlich: Kant hatte den „ewigen Frieden“ versprochen, gekommen war Auschwitz, Marx hatte das „Reich der Freiheit“ heraufbeschworen, gekommen aber war der Archipel Gulag. Doch was waren die Gründe dafür, dass die Realität so gar nicht den schönen Theorien der Aufklärer folgen wollte? Diese Frage beschäftigte damals viele Intellektuelle, vor allem die beiden Hauptprotagonisten der sog. „Kritischen Theorie“, Max Horkheimer und Theodor W. Adorno.

In ihrem berühmten Buch *Dialektik der Aufklärung* von 1944 versuchten sie die Frage zu klären, „warum die Menschheit, anstatt in einen wahrhaft menschlichen Zustand einzutreten, in eine neue Art von Barbarei versinkt“.[132] Obgleich Adorno / Horkheimer ihre philosophischen Fragmente zweifellos aufklärerisch verstanden und dementsprechend entschieden gegen die „modische Ideologie“ ankämpften, „welche Liquidation von Aufklärung zu ihrer eigensten Sache macht“,[133] erwiesen sie der Sache der Aufklärung letztlich doch einen Bärendienst. Bei den halb- und viertelgebildeten Feuilletonisten blieb nämlich nur das Schlagwort vom „Doppelcharakter der Aufklärung“, einer angeblich fatalen Verschränkung von Rationalität und Mythos, hängen sowie die damit verbundene Diagnose, die selbstzerstörerische Aufklärung schlage quasi geschichtsnotwendig „in Mythologie zurück“.[134]

Mit Hilfe dieser Überlegungen ließ sich eine Ursachenkette konstruieren, die ausgerechnet die Aufklärungsbewegung für die Entstehung der totalitären Regime des 20. Jahrhunderts verantwortlich machte – eine Denkfigur, die gerade heute mit großem Pathos verwendet wird, um aufklärerische Positionen zurückzudrängen und die vermeintlich unumgehbare Bedeutung der Religionen für ein funktionierendes Sozialwesen herauszustellen. Pars pro toto sei hier auf einen Kommentar verwiesen, der am Todestag Karol Wojtylas in der sich progressiv verstehenden *taz* erschien. *taz*-Kommentator Robin Alexander gelang dort nicht nur das Kunststück, den zutiefst mittelalterlich denkenden Wojtyla (durch eine Verwechslung von Medium und Botschaft) als „großen Modernisierer“ zu verkaufen, er scheute sich nicht, jeden Versuch einer tiefer gehenden, aufklärerischen Kritik am Katholizismus mit dem infamen Argument abzuschmettern, dass der „säkulare Hochmut gegenüber dem Glauben [...] gerade in Deutschland erstaunlich [sei] – dem Land, in dem die Aufklärung auch Auschwitz möglich gemacht hat“.[135]

In Formulierungen wie dieser schlägt sich das Erbe der *Dialektik der Aufklärung* nieder, auch wenn anzunehmen ist, dass deren Autoren ob der Überspitzung und Trivialisierung ihrer Thesen fassungslos wären. Klar ist: Wer derartig argumentiert, hat sich weder ernsthaft mit der Aufklärung auseinandergesetzt noch mit der *politischen Religion des Nationalsozialismus, die sich zu einem maßgeblichen Teil aus christlichen Wurzeln speiste* (man denke nur an die biblisch kolportierte Mär vom „verräterischen Schacherjuden Judas“ oder an die Drohungen des christlichen Messias, dass die „Bösen“ dereinst „in den Ofen“ geworfen werden!). Gewiss: Hitler & Co. bauten in ihre arische Heilsreligion auch Elemente eines falsch verstandenen Darwinismus ein,[136] die Vorstellung aber, dass sie deshalb gleich zu Protagonisten der Aufklärung werden, ist so haarsträubend falsch, dass man sich wundert, dass diese Denkfigur in akademischen Kreisen immer noch weit verbreitet ist.

Lange Zeit war es verpönt, über den Nationalsozialismus (aber auch vom Bolschewismus[137]) als „politischer Religion" zu sprechen.[138] Dabei kann gerade die religionssoziologische Betrachtung des Nationalsozialismus viele Phänomene erhellen, für die Historiker ohne religionssoziologisches Inventar bislang keine einleuchtenden Erklärungen finden konnten.[139] Wie z. B. war es möglich, dass so große Teile der Bevölkerung mit Enthusiasmus ihr Leben für den „Führer", den Mann der „Vorsehung", die Inkarnation des „germanischen Volksgeists", aufs Spiel setzten? Welche Bedeutung hatten die von Speer inszenierten rituellen Massenkundgebungen und das immer wieder in den Vordergrund gerückte Symbol des Hakenkreuzes?

Religionssoziologische Analysen können aufzeigen, dass die Nazi-Strategen immer wieder Elemente religiöser Kulte in ihre Propaganda aufnahmen und damit ungeheuren Erfolg hatten. Selbst die unfassbare Singularität des Grauens, Auschwitz, kann unter religionssoziologischer Perspektive besser verstanden werden. Zu beachten ist in diesem Zusammenhang nicht nur der traditionelle christliche Antijudaismus, der sich im Nationalsozialismus auf verheerende Weise entlud,[140] sondern vor allem auch der rituelle Charakter der nationalsozialistischen Judenvernichtung selbst. So klingt bei Joseph Goebbels unübersehbar ein archaischer (wie christlicher) Opferglaube durch, wenn er formuliert: „Opfer! Im Opfer liegt die Reinigung von Schuld! Geht den harten Gang um der Zukunft willen... Das Opfer ist alles."[141]

Der Sozialwissenschaftler Michael Ley hat hierin zu Recht eine der wesentlichen Antriebsfedern der nationalsozialistischen Politreligion gesehen. Er schreibt: „Das

Menschenopfer, das die Nationalsozialisten darbrachten, die „Tötung des ewig wandernden Juden", war die politische Theologie des Nationalsozialismus. Adolf Hitler sah sich als Werkzeug Gottes, der mit dem Holocaust die Heilung Deutschlands und der ganzen Welt bringen wollte. Die nationalsozialistische Apokalypse ist das größte Menschenopfer, das die Weltgeschichte kennt [...] Der Holocaust ist die Exekution des Mythos vom Antichrist in der Moderne."[142]

Die Nazistrategen selbst waren sich der religiösen Komponente ihrer Ideologie durchaus bewusst. Nur ein Beispiel unter vielen: In einem internen Strategiepapier („Sitzungsprotokoll vom 14. August 1943") wurde vorgeschlagen, alle religiösen Bekenntnisse nach dem „Endsieg" abzuschaffen und gleichzeitig Adolf Hitler als „neuen Messias" zu proklamieren, dem als „Erlöser/Befreier" und „Gott-Gesandtem" göttliche Ehren zukommen müssten. Die Propaganda müsse zu diesem Zweck nicht nur die Geburt, sondern auch das künftige Ableben des Führers in völlige Dunkelheit verhüllen, als „Rückkehr in die Gralsburg". Dieses Papier, das u. a. vorsah, die traditionellen religiösen Kultstätten (Kirchen etc.) in „Adolf Hitler Weihestätten" umzubenennen, stieß bei Hitler auf Lob und Anerkennung. Er unterzeichnete das Schreiben mit: „Der erste brauchbare Entwurf! Zur Bearbeitung an Dr. Goebbels. Adolf Hitler."[143]

Dass der Nationalsozialismus Hitlers, der bereits in *Mein Kampf* angab, eine „vom Schöpfer des Universums zugewiesene Mission" erfüllen zu müssen, als Rückfall in die Mythologie gedeutet werden kann, mag man Adorno/Horkheimer zugestehen. Doch ist es deshalb gerechtfertigt zu behaupten, mit dem Nationalsozialismus schlage tatsächlich *die Aufklärung* in Mythologie zurück? Keineswegs! Denn empirisch war das Gegenteil der Fall: Diejenigen, die sich wirklich ernsthaft an den Idealen der Aufklärung orientierten, waren nicht nur immun gegen die nazistische Mythologie, sie wurden unweigerlich zu den schärfsten Kritikern Nazi-Deutschlands. Viele von ihnen wurden in die Konzentrationslager gesteckt (wie Carl von Ossietzky), mussten frühzeitig emigrieren (wie Albert Einstein, Bertolt Brecht oder Erich Fromm) oder sahen sich angesichts der hoffnungslosen Lage gezwungen, ihrem Leben selbst ein Ende zu bereiten (wie Kurt Tucholsky oder Walter Benjamin).

Je genauer man das Verhältnis von Aufklärung und Totalitarismus untersucht, desto deutlicher wird, dass die Entstehung totalitärer Regimes (incl. ihrer jeweiligen Politreligionen) nicht auf den vermeintlichen „Doppelcharakter der Aufklärung" zurückzuführen ist, *sondern vielmehr auf das bis heute virulente Problem der „halbierten Aufklärung"*. Gesellschaftliche Wirkungen nämlich entfaltete über Jahrhunderte hinweg fast ausschließlich jener Aspekt der Aufklärung, den man mit dem Begriff der instrumentellen Vernunft umschreiben könnte, die praktisch-ethischen, weltanschaulich positiven Impulse der Aufklärung wurden hingegen weitgehend ignoriert.

Selbstverständlich: Nazi-Deutschland hätte niemals ein derartiges technisches (Vernichtungs-) Potential zur Verfügung gestanden, wenn nicht schon die antiken Aufklärer die Prinzipien rationaler Erkenntnis und Naturbeherrschung aufgestellt hätten, wenn diese nicht in der Zeit der Renaissance wieder entdeckt und im Zuge des wissenschaftlichen Forschungsprozesses weiterentwickelt worden wären. Andererseits aber muss man im gleichen Atemzug feststellen, dass es niemals zur Machtergreifung Hitlers gekommen wäre, wenn die grundlegenden Prinzipien der Aufklärung (Fairness- und Gerechtigkeitsprinzip, Primat des eigenständigen, kritischen Denkens anstelle des Primats der Autorität, Skepsis gegenüber heiligen, absoluten Werten, Verpflichtung zu einer rein innerweltlichen Argumentation etc.) schon in den Zwanziger und Dreißiger Jahren größeren Rückhalt in der Bevölkerung gefunden hätten.

Auf diese triviale Weise also lässt sich die Aufklärung kaum in einen Ursachenzusammenhang mit Auschwitz bringen. Die Frage allerdings ist, ob man Adornos / Horkheimers Hinweis auf den „Doppelcharakter der Aufklärung" nicht auch auf andere Weise interpretieren könnte, nämlich in dem Sinne, dass nicht die Aufklärung selbst dazu neigt(e), in Mythologie umzuschlagen, sondern dass sie durch die von ihr betriebene fortschreitende Entzauberung alter Gewissheiten dazu beitrug, dass sich die große Masse von Menschen überfordert fühlte und gewissermaßen als Gegenmittel ihr Heil in der bedingungslosen Akzeptanz neuer Mythen suchte.

Dass dieses Argument nicht völlig an den Haaren herbeigezogen ist, zeigt eine sozialpsychologische Studie, die der Soziologe, Psychoanalytiker und Philosoph Erich Fromm, einer der wichtigsten Mitstreiter Horkheimers in den Anfangsjahren des *Frankfurter Instituts für Sozialforschung*, 1941 vorlegte. Fromm begriff den Nazismus (wie jede Form des Totalitarismus) als eine *Fluchtbewegung, die sich aus einer gesellschaftlich erworbenen „Furcht vor der Freiheit"* speist. Seine zentrale These lautete, „dass der moderne Mensch, nachdem er sich von den Fesseln der vor-individualistischen Gesellschaft befreite, [...] sich noch nicht die Freiheit – verstanden als positive Verwirklichung seines individuellen Selbst – errungen hat; das heißt, dass er noch nicht gelernt hat, seine intellektuellen, emotionalen und sinnlichen Möglichkeiten voll zum Ausdruck zu bringen. Die Freiheit hat ihm zwar Unabhängigkeit und Rationalität ermöglicht, aber sie hat ihn isoliert und dabei ängstlich und ohnmächtig gemacht [...] er sieht sich daher vor die Alternative gestellt, entweder der Last seiner Freiheit zu entfliehen und sich aufs neue in Abhängigkeit und Unterwerfung zu begeben oder voranzuschreiten zur vollen Verwirklichung jener positiven Freiheit, die sich auf die Einzigartigkeit und Individualität des Menschen gründet."[144]

Fromms Darlegungen zum doppelten Freiheitsbegriff der Moderne – Freiheit *von* Unterdrückung muss nicht unbedingt mit Freiheit *zu* selbst bestimmtem Leben einhergehen, sondern löst unter bestimmten Voraussetzungen antiliberale Fluchtmechanismen aus (Flucht ins Autoritäre, Flucht ins Destruktive, Flucht ins Konformistische) – sind in dreifacher Weise bemerkenswert:

- *Diagnostisch:* Wir können mithilfe dieses Begriffsinstrumentariums historisch besser nachvollziehen, warum Menschen unter sozial, politisch, ökonomisch und weltanschaulich instabilen Verhältnissen in der Regel die politisch regressivsten (antiliberalsten) Lösungen (Nazismus, Faschismus, Bolschewismus) vorgezogen haben.
- *Prognostisch*: Wir müssen davon ausgehen, dass sich an diesem regressiven Problemlösungsverhalten auch in Zukunft nichts ändern wird, sofern ähnliche Bedingungen vorliegen. (Die gegenwärtige Attraktivität fundamentalistischer Heilserzählungen – Islamismus, christlicher Fundamentalismus in den USA – spricht hier eine deutliche Sprache.)
- *Therapeutisch*: Wenn die Frommsche Diagnose stimmt, reicht es nicht aus, traditionelle Gewissheiten und die damit verbundenen sozialen Grenzziehungen zu *entzaubern*, d. h. bloß für die Freiheit *von* Borniertheit und Unterdrückung zu kämpfen, vielmehr ist es notwendig, durch *positive Vorschläge das soziale Setting zu bestimmen*, in dem sich eine wirklich produktive, gegen totalitäre Fluchtmechanismen immune „Freiheit *zu* selbstbestimmtem Leben" überhaupt entwickeln kann.

Wenden wir nun diese Erkenntnisse auf die oben gestellte Frage an, ob die Aufklärung möglicherweise auf *indirekte Weise* für den Rückfall in die Barbarei verantwortlich war: Ist es gerechtfertigt, der historischen Aufklärungsbewegung vorzuwerfen, sie habe bloß kritisiert, aber keine positiven Gegenentwürfe entwickelt, dadurch die Menschen überfordert / verängstigt und ihre Flucht in den totalitären Mythos provoziert?

Auch diese Frage muss man eher verneinen als bejahen. Zwar ist es eine historische Tatsache, dass aufklärerische Entzauberungen mitunter rabiate Abschottungstendenzen (Fluchtmechanismen) zur Folge hatten – unlängst ist dies am Beispiel der aversiven Reaktionen des „deutschen Volkskörpers" auf Einsteins Relativitätstheorie demonstriert worden –, jedoch wäre es eine unzulässige Verkürzung der Perspektive, würde man die Aufklärung bloß als Agentur zur „Entzauberung der Welt" begreifen.

In Wahrheit nämlich hat sich die Aufklärungsbewegung *keineswegs* mit der *Negation* (Aufhebung) des Bestehenden begnügt, sondern in ähnlicher Stärke eigene *Positionen* entwickelt. Dabei sind zwei Aspekte von zentraler Bedeutung:

- *Erstens*: Das aufklärerische Projekt einer Entzauberung der Welt verlieh dieser einen neuen, „rationalen Zauber". Bei Licht betrachtet, sind die Erkenntnisse der (Natur-) Wissenschaften faszinierender als jeder religiöse Schöpfungsmythos. Schon allein die evolutionsbiologisch gehärtete Tatsache, dass jeder von uns einen 4000 Millionen Jahre alten „Lebensfunken" in sich trägt (seit der Entstehung der ersten, einzelligen Urlebewesen ist der Staffellauf der Evolution nicht unterbrochen worden!), stellt – wenn man sich die Ungeheuerlichkeit dieses Faktums bewusst macht – jeden überlieferten Mythos in den Schatten. *Die Realität hat sich im Zuge ihrer systematischen Erforschung als geheimnisvoller und großartiger herausgestellt, als alle religiösen Spekulationen vergangener Epochen dies erahnen ließen.* Völlig zu Recht hat Richard Dawkins deshalb auf den oftmals verdrängten, *poetischen Charakter der Wissenschaft* hingewiesen: „Das Gefühl des ehrfürchtigen Staunens, das uns die Naturwissenschaft vermitteln kann, gehört zu den erhabensten Erlebnissen, deren die menschliche Seele fähig ist. Es ist eine tiefe ästhetische Empfindung, gleichrangig mit dem Schönsten, das Dichtung und Musik uns geben können. Es gehört zu den Dingen, die das Leben lebenswert machen, und am meisten gilt das gerade dann, wenn es in uns die Überzeugung weckt, dass unsere Lebenszeit endlich ist."[145]

- *Zweitens*: Aufklärer haben sich über die Jahrhunderte hinweg keineswegs damit zufrieden gegeben, althergebrachte Gewissheiten zu kritisieren, sie haben vielmehr an deren Stelle *positive Gegenentwürfe* gesetzt. So diente Epikurs Kritik des angstbesetzten Götterglaubens der Implantierung einer weltlich-freundlichen Ethik,[146] La Mettries materialistische Kritik des Idealismus einer unverkrampften Akzeptanz des Sinnlichen,[147] Poppers Kritik des Historizismus der Verteidigung der Idee der „offenen Gesellschaft"[148] usw. *Das maßgebliche Erbe der Aufklärung sind nicht die Ruinen der überkommenen Traditionen, die dem Angriff aufklärerischer Vernunft nicht standhalten konnten, sondern die reichhaltigen Skizzen zum Aufbau einer besseren Gesellschaft*, die teils Eingang in die moderne Zivilisation gefunden haben, teils noch auf ihre Wiederentdeckung und Verwirklichung warten.

Evolutionäre Humanisten fühlen sich insbesondere diesem *produktiven Erbe der Aufklärung verpflichtet.* Wenn sie religiöse Welterklärungsmodelle dekonstruieren, so geschieht dies nicht aus Selbstzweck, sondern zur Verwirklichung jener Losung, die Immanuel Kant einst für die Aufklärung vorgegeben hat: *„Sapere aude! Habe Mut, dich deines eigenen Verstandes zu bedienen!"*

Im Unterschied zu Kant gehen evolutionäre Humanisten allerdings davon aus, dass die Unmündigkeit, aus der die Aufklärung die Menschen führen sollte, keineswegs „selbstverschuldet" ist (Kant), sondern dass diese strukturell (biologisch, soziologisch, ökologisch, ökonomisch etc.) bedingt ist. Eben deshalb ist es auch müßig, von idealistischen Appellen weitreichende Wirkungen zu erwarten. Klar ist, dass sich Ideen in menschlichen Gemeinschaften nicht deshalb durchsetzen, weil sie für sich eine höhere logische oder empirische Plausibilität beanspruchen können, sondern weil sie unter den jeweils gegebenen sozioökonomischen, kulturellen und ökologischen Verhältnissen Sinn machen – so sinnlos sie unter rationaler Perspektive auch immer erscheinen mögen.

Dies erklärt u. a., warum die optimistischen Fortschrittserwartungen („ewiger Frieden", „Reich der Freiheit") der Aufklärer von der Realität so katastrophal widerlegt wurden: *Entgegen aller philosophischen Erwartung war und ist nämlich nicht nur das „Bessere" „Feind des Guten", sondern auch das „Schlechtere"*. (Tragischerweise wird von den handelnden Individuen unter den Bedingungen ihrer Lebenswirklichkeit – siehe Fromms Analyse der antiliberalen Fluchtreaktionen – das *objektiv „Schlechtere"* oft als das *subjektiv „Bessere"* empfunden...)

Damit sind wir ein weiteres Mal bei jenem Grundprinzip des Lebens angelangt, dem evolutionäre Humanisten ihre besondere Aufmerksamkeit widmen: dem *Prinzip Eigennutz*. So unterschiedlich dieses biologische Prinzip in der kulturellen Evolution unserer Spezies auch aufgetreten ist, *Eigennutz war und ist der eigentliche „Motor der menschlichen Geschichte"*. Dies gilt es zu berücksichtigen, wenn wir eine Ethik entwerfen wollen, die den realen Bedingungen des Menschseins, der Conditio humana, Rechnung trägt.

„Der Geist ist willig, das Fleisch ist schwach"?

Warum eine naturalistische Ethik auf „Moral" getrost verzichten kann

Ethische Werte sind uns nicht vorgegeben – weder von „Gott" noch von „der Natur". Es wäre ein Irrtum, würde man annehmen, dass evolutionäre Humanisten aufgrund ihres naturalistischen Weltbildes dazu tendieren würden, ihre Werte aus der Natur zu schöpfen. Im Gegenteil! *Gerade diejenigen, die sich um eine naturalistischere Sicht der Dinge bemühen, gehören zu den schärfsten Kritikern der sog. „naturrechtlichen Konzepte".*

Naturrechtsethiker gehen davon aus, dass die Natur nicht nur von *kausalen*, sondern auch von *finalen Gesetzmäßigkeiten* („Zweck der Schöpfung") bestimmt wird, woraus sie folgern, dass sich auch der Mensch in seinem Verhalten diesen „natürlichen Zielen" unterwerfen müsse.[149] Diese Denkfigur tritt uns beispielsweise in der katholischen Sexualmoral entgegen, die Homosexualität als angeblich „unnatürliches" Verhalten verurteilt. Doch dieses Argument ist nicht nur *logisch fehlerhaft*, sondern auch *empirisch hinreichend widerlegt.* Homosexualität nämlich ist entgegen aller theologischen Annahmen in der Natur weit verbreitet. Sie wurde mittlerweile nicht nur bei Würmern, Eidechsen, Möwen, Meerschweinchen, Hasen, Schafen oder Delphinen beobachtet, sondern auch bei unseren nächsten tierischen Verwandten, den Primaten.[150] Makaken, Languren, Orang-Utans, Schimpansen oder Bonobos – sie alle tun es hin und wieder gerne auch gleichgeschlechtlich.

Heißt das nun, dass wir das naturrechtliche Argument einfach umdrehen können, d. h. homosexuelles Verhalten deshalb für legitim erklären können, weil es „natürlich“ sei? Selbstverständlich nicht! *Ob ein Verhalten „natürlich“ ist oder nicht, sagt rein gar nichts über seine ethische Legitimität aus.* Wie wir schon zuvor mit Max Weber festgestellt haben, lässt sich aus dem, was *ist*, nicht unmittelbar ableiten, was *sein sollte*. Zwischen *Seins-Sätzen* (Beschreibungen der Wirklichkeit) und *Sollens-Sätzen* (ethischen Vorschriften) herrscht eine *unüberbrückbare Kluft*. Wer diese Kluft ignoriert, indem er eine natürliche Erklärung für ein bestimmtes Verhalten als ethische Rechtfertigung desselben begreift, begeht einen schwerwiegenden logischen Fehler, den sog. „naturalistischen Fehlschluss“.

Anders als der Name es vielleicht vermuten lassen würde, sind gerade Naturalisten gegen diesen Fehlschluss in besonderer Weise gefeit. Warum? Weil sie aufgrund ihrer Kenntnis der Natur wissen, *welche Katastrophen wir heraufbeschwören würden, wenn wir natürliche Verhaltensweisen unreflektiert zu ethischen Prinzipien erheben würden.*

Betrachten wir zur Verdeutlichung das Beispiel des Infantizids (Kindstötung): Bei den Berggorillas fallen mehr als ein Drittel (!) des Nachwuchses bis zum Alter von 3 Jahren Kindstötungen zum Opfer.[151] Grund: Durch den Infantizid steigen die Fortpflanzungschancen des tötenden Männchens. Dieses für unsere Vorstellungen zutiefst unethische Verhalten findet sich nicht nur bei Gorillas, sondern auch bei solch unterschiedlichen Tierarten wie Dungkäfern, Fischen, Amphibien, Mäusen, Löwen, Kamelen oder Pferden.[152] Und es sind nicht nur die ohnehin als aggressiv verschrienen Männchen, die sich über Kindstötungen Vorteile im evolutionären Wettstreit um das genetische Überleben verschaffen: Weibliche Erdhörnchen, Mungos, Dingos, Wildhunde oder Krallenaffen beseitigen auf ähnliche Weise „unliebsame Konkurrenz eigener Kinder um Nahrung, Ruheplätze und Fortpflanzungspartner“.[153]

So „natürlich“ Infantizid also ist (auch Homo sapiens ist dagegen alles andere als immun, nicht ohne Grund ist die literarische Figur der „bösen Stiefmutter“ so weit verbreitet!), kein vernünftiger Mensch käme auf den Gedanken, ihn deshalb ethisch legitimieren zu wollen. Dies gilt in gleichem Maße für die ebenfalls „natürlichen“ Verhaltensweisen Vergewaltigung, Raub, Erpressung oder Tötung. Das Naturrechtsprinzip hilft uns nicht weiter, wenn wir auf der Suche nach vernünftigen ethischen Regeln sind. Es ist allenfalls noch jenen Ideologen von Nutzen, die unter allen Umständen verhindern wollen, dass ihre Dogmen einer rationalen Überprüfung unterzogen werden. Völlig zu Recht stellte Norbert Hoerster fest, „dass dem Naturrechtler sein Ansatz lediglich als Mittel dient, um gewissen Moralnormen, die er [...] nicht hinterfragen möchte, den Anschein einer objektiven Legitimität zu geben“.[154]

Damit stellt sich die Frage: Wenn wir im Unterschied zu Naturrechtlern davon ausgehen müssen, dass wir ethische Grundregeln nicht einfach in der Natur *vor*finden können, sondern dass wir diese vielmehr selbst *er*finden müssen, ist daraus nicht zu folgern, dass naturwissenschaftliche Erkenntnisse keinerlei Relevanz haben für die Entwicklung einer zukunftsfähigen Ethik?

Weit gefehlt! Naturwissenschaftliche Erkenntnisse bleiben für die ethische Diskussion weiterhin hoch relevant, allerdings steht im Mittelpunkt des Interesses nicht mehr die Frage, *ob wir ein bestimmtes, ethisch gefordertes Verhalten zeigen dürfen bzw. sollten*, sondern vielmehr die Frage, *ob wir ein bestimmtes Verhalten überhaupt zeigen können bzw. ob wir es* – trotz aller moralischen Verbote! – *mit größter Wahrscheinlichkeit am Ende nicht doch zeigen werden.*

Auch dies sei anhand eines Beispiels demonstriert: Bekanntlich verlangt die katholische Kirche ihren Mitgliedern auf dem Gebiet der Sexualmoral Einiges ab.[155] So sollen Verheiratete strikt monogam leben, Unverheiratete, „Mit-Gott-Verheiratete“ (Nonnen, Mönche, Priester) und Homosexuelle sogar „keusch“ sein, d.h. es möglichst vermeiden, ihren sexuellen Neigungen nachzugehen. Losgelöst von der Frage, ob diese sexualethischen Zielsetzungen philosophisch gut begründet sind (sie sind es freilich nicht!), ist es interessant zu untersuchen, *wie realistisch die Erwartung ist, dass diese Verhaltensgebote und -verbote auch tatsächlich eingehalten werden (können)*.

Wer um die Bedeutung des sexuellen Eigennutzes in der Natur weiß – er ist die eigentliche *Triebkraft der Evolution*! –, der wird kaum damit rechnen, dass eine nennenswerte Zahl derer, die zur Keuschheit verpflichtet sind, tatsächlich diesem Gebot Folge leisten können. Wie sollte dies auch gelingen? Eine Urkraft wie die Sexualität lässt sich nicht einfach verdrängen. Wie das Wasser bahnt sie sich ihren Weg – ohne Rücksicht auf Verluste. Dabei ist der einfache Bruch des Keuschheitsgebots sicherlich die harmloseste Variante (in vielen Klöstern und Priesterstuben kam und kommt es zu „normalen“ homo- und heterosexuellen Kontakten[156]). Diejenigen aber, die sich in besonderer Weise jenem Gebot verpflichtet fühlen, die meinen, strikt gegen die „inneren Dämonen“ ankämpfen zu müssen, sind, sofern sie nicht zur kleinen Gruppe der asexuellen Menschen zählen, häufig „tickende Zeitbomben“. Die Gefahr, dass sich die in ihnen angestaute Triebenergie mit erschreckender Gewalt entladen könnte, ist kaum zu unterschätzen. Nicht nur die Hexenfolterer der Vergangenheit, sondern auch die Triebtäter unserer Zeit waren bzw. sind – auch wenn man selbstverständlich viele weitere Kofaktoren berücksichtigen muss – in der Regel Opfer einer rigiden Zwangsmoral. Welch gravierende psychopathologischen Folgen das Keuschheitsgebot hatte, lässt sich gut an der „Sexualgeschichte des Christentums“[157] demonstrieren, einer Geschichte, die in solch hohem Maße von sexuellen Abirrungen aller Art geprägt ist, dass ihr gegenüber die aktuellen weltweiten Skandale um pädophile Priester verblassen.

Dass die Einhaltung des *Keuschheitsgebots* vor dem Hintergrund unserer natürlichen Ausstattung wenig realistisch ist, wird heute wohl vielen einleuchten. Wie aber steht es um die *Monogamie*, immerhin einem Ideal, das auch in nichtreligiösen Kreisen weit verbreitet ist?

Die Natur stellt uns auch hier ein Zeugnis aus, das Moralisten kaum gefallen wird. Bei realistischer Betrachtung nämlich kann man die grundlegende Beziehungsform sog. „monogamer Arten" mit gutem Recht als „Monogamie mit doppeltem Boden" bezeichnen. Selbst die von Konrad Lorenz immer wieder bemühten Graugänse sind – wie wir heute wissen – lange nicht so treu, wie Befürworter der Monogamie es sich einst erhofften. „Seitensprünge" sind auch bei ihnen (wie bei allen monogamen Arten!) die Regel, nicht die Ausnahme.

Naturforscher konnten immer wieder beobachten, dass scheinbar brav-monogame Vogel-Weibchen jede Chance nutzten, sich außerhalb der „ehelichen Gemeinschaft" mit besonders interessanten Männchen zu paaren. Schwalbenweibchen beispielsweise wählen dabei für ihren Seitensprung „stets Männchen, die dominanter, älter und attraktiver sind (das heißt, längere Schwanzfedern haben!) als ihre Ehemänner. Sie haben keine 'Affären' mit Junggesellen (die vermutlich bereits von anderen Weibchen abgewiesen wurden), sondern stets mit den Ehemännern anderer Weibchen, und sie stacheln potentielle Liebhaber gelegentlich zu Wettkämpfen an und entscheiden sich für den Gewinner."[158]

Der biologische Nutzen (Prinzip Eigennutz!) dieses doppelbödigen Verhaltens liegt auf der Hand: Während die Männchen danach streben, möglichst viele Nachkommen zu zeugen (sie verfügen über viele Spermien), sind die Weibchen (die nur verhältnismäßig wenige Eier hervorbringen) biologisch darauf programmiert, möglichst gutes

Genmaterial zu erhaschen, so dass sich ihre Nachkommen dank höherer Attraktivität selber mit hoher Wahrscheinlichkeit fortpflanzen können, was den Fortbestand der eigenen Gene in den folgenden Generationen sichert. Vereinfacht ausgedrückt: *Männchen zielen auf eine möglichst hohe Quantität, Weibchen auf eine möglichst hohe Qualität der eigenen Nachkommenschaft.*

Da sich attraktive Männchen – wie sich bei Studien an Vögelkolonien gezeigt hat – weniger um ihren Nachwuchs kümmern als unattraktive, kann man für „monogame" Weibchen folgende Verhaltensmaxime formulieren: Halte Ausschau nach einem mittelmäßigen, hart arbeitenden Ehemann und „betrüge" ihn mit dem größten Casanova bzw. mächtigsten Despoten, der dir über den Weg läuft! Mit den Worten des Wissenschaftsjournalisten Matt Ridley: „Heirate einen netten Kerl und gönne dir eine Liebschaft mit deinem Chef..."[159]

Angesichts der ständigen Gefahr weiblicher Untreue ist es verständlich, dass viele der „netten Kerle" ihre Partnerinnen eifersüchtig auf Schritt und Tritt bewachen. (Bekanntlich will sich kaum jemand ein Kuckucksei ins Nest legen lassen!) Entsprechend scharf ist der Konkurrenzkampf unter den Männchen. Mit aller Macht versuchen sie nicht nur lästige Konkurrenten aus dem Blickfeld ihrer Weibchen zu verbannen, sondern auch fremde Weibchen von der verlockenden Qualität der eigenen Erbanlagen zu überzeugen. Wir sehen: „Doppelmoral" ist wahrlich keine originelle Erfindung von Homo sapiens.

Nun wäre es für Moralisten schon schlimm genug, wenn der Mensch von seiner biologischen Veranlagung her auf „Monogamie mit doppelten Boden" ausgerichtet wäre, in Wahrheit aber steht selbst diese unkeusche Variante der Monogamie auf hölzernen Füßen. Die meisten höheren Spezies sind nämlich keineswegs monogam, sondern dem vermeintlichen Laster der Polygamie verfallen. Dies gilt auch für unsere nächsten Verwandten, die Schimpansen, Gorillas und Bonobos.

Am Beispiel der letzten beiden Arten lassen sich hervorragend die beiden grundverschiedenen Strategien demonstrieren, die polygame Männchen im Wettbewerb um Fortpflanzungserfolg an den Tag legen können: Gorillas leben bekanntlich in kleinen Gruppen, an deren Spitze ein Alphamännchen steht. Dieses Alphamännchen hält sich einen Harem liebeswilliger Gorillaweibchen und hindert andere Männchen mit massiver Körpergewalt daran, mit den Weibchen seines Harems zu kopulieren. Bonobos hingegen scheinen Eifersucht kaum zu kennen. In einer Bonobogruppe treibt es jeder mit jedem, Männchen mit Weibchen, Weibchen mit Weibchen und Männchen mit Männchen.

Die Tatsache, dass Gorillamännchen eifersüchtige Haremsbesitzer sind, während Bonobos von einer sexuellen Massenorgie zur nächsten hasten, liegt gewiss nicht darin begründet, dass sich die Bonobos irgendwann einmal entschlossen haben, eine „freiere" Sexualethik zu entwickeln. Wir treffen hier vielmehr auf zwei höchst unterschiedliche Fortpflanzungsstrategien, die, so grundverschieden sie auf den ersten Blick auch erscheinen mögen, beide strikt der Logik des *genetischen Eigennutzes* folgen. Dem eifersüchtigen Gorilla wie dem toleranten Bonobo geht es vorwiegend um das *Eine*, den Fortpflanzungserfolg, und das impliziert: die Niederlage der sexuellen Konkurrenten. Der Unterschied besteht lediglich darin, dass der Gorilla *extravaginal*, der Bonobo *intravaginal* mit den Konkurrenten um den Fortpflanzungserfolg kämpft. Der Gorilla wird daher durch seine Körperstärke versuchen, männliche Konkurrenten davon abzuhalten, mit den Weibchen seines Harems zu verkehren (seine wichtigsten Waffen sind seine List und seine Muskeln), der Bonobo hingegen wird versuchen, durch massenhaft abgesondertes Sperma die Spermienarmeen seiner Beischlafkonkurrenten auszuschalten und so den Kampf um das Ei zu gewinnen (seine wichtigsten Waffen kommen erst im Vollzug des sexuellen Aktes zur Geltung).[160]

Forscher haben festgestellt, dass der Grad der „sexuellen Freizügigkeit“ innerhalb einer Spezies mit der relativen Größe des Hodens und des Penis korreliert. Je größer der Hoden im Verhältnis zum Gesamtkörper desto offensichtlicher die promiskuitive Spermienkonkurrenz, je kleiner aber der Hoden, desto eifersüchtiger werden die Männchen über ihre Weibchen wachen.[161] Natürlich stellt sich hier die Frage: Wie steht es um den Menschen? Was das Verhältnis von Hoden-, Penis- und Körpergröße betrifft (sowie das Größenverhältnis von Männchen und Weibchen, – ein weiterer wichtiger Indikator), sind wir irgendwo zwischen Gorilla und Bonobo angesiedelt. Kein Wunder also, dass wir in punkto Fortpflanzungsstrategie (beide Geschlechter!) zu einem Mischtyp neigen: Im menschlichen Manne steckt zum einen das Potential zum eifersüchtigen Pascha, der mit allen Mitteln der Macht die Schritte seiner Frau (im Falle der Monogamie) bzw. seiner Frauen (im Falle der Polygynie) kontrolliert, zum anderen lauert in ihm aber auch das Potential zum eher toleranten, liberalen, nur auf vaginaler Ebene militanten Spermienkrieger.

Vor dem Hintergrund dieser biologischen Tatsachen ist es nicht verwunderlich, dass *nur etwa 16 Prozent aller menschlichen Gesellschaften monogam strukturiert waren* – etwa 83 Prozent waren polygyn (ein Mann / mehrere Frauen), weniger als 1 Prozent pflegten die Polyandrie (eine Frau / mehrere Männern)[162] – und dass *selbst unter den nominell monogamen Gesellschaften Seitensprünge und serielle Beziehungswechsel an der Tagesordnung waren bzw. sind.* Eine englische Studie, die Ende der Achtziger Jahre durchgeführt wurde, kam zu dem interessanten Ergebnis, dass 80 Prozent aller Frauen in ihrem Leben mindestens *einmal* einen „Spermienkrieg“ inszenierten, also mit verschiedenen Männern innerhalb von 5 Tagen Sex hatten (ganze 69 Prozent berichteten sogar von Sex mit mindestens zwei Männern innerhalb eines Tages).[163] Für die Häufigkeit von Seitensprüngen spricht nicht zuletzt das Faktum, dass etwa 5 bis 10 Prozent aller Kinder nicht von dem Mann abstammen, der ihr Vater zu sein glaubt.[164]

Halten wir fest: Es besteht offensichtlich eine *scharfe Diskrepanz* zwischen dem Normgefüge der katholischen Sexualmoral und dem tatsächlichen Verhalten jener Säugetierart, für die diese Normen eigentlich gedacht sein sollen. Wie wir bereits festgestellt haben, muss man dies zunächst weder als Argument *für* noch *gegen* die *Legitimität* der katholischen Wertvorstellungen deuten, allerdings verraten uns die empirischen Erkenntnisse doch Bemerkenswertes über die *Realisierungs-Chancen* dieser ethischen Konzeption: Sie sind marginal – zumindest unter halbwegs freiheitlichen Verhältnissen. Es bedürfte schon einer ausgefeilten *Angstdiktatur*, um Homo sapiens zu einem Sexualverhalten zu bewegen, das tatsächlich im Einklang mit den Forderungen des Katholischen Weltkatechismus bzw. der Bibel steht.

Eine Ethik aber, die die Grundbedürfnisse (Interessen) der Menschen derart ignoriert, verdient es nicht, „Ethik" genannt zu werden. Ethik nämlich ist der Versuch*, die unter Menschen unweigerlich auftretenden Interessenkonflikte so zu lösen, dass alle Betroffenen diese Lösung als möglichst fair erachten.* Dies verlangt ein grundlegendes Verständnis der Bedürfnislagen, die einem Konflikt zugrunde liegen, denn nur auf diese Weise lassen sich widerstreitende Interessen fair gewichten.

Da Religionen darauf angelegt sind, real existierende Bedürfnisse zu ignorieren (oder gar zu verteufeln), statt diese zum zentralen Maßstab der Auseinandersetzung um ein verträgliches Miteinander zu machen, müssen sie notwendigerweise auf ethischem Gebiet versagen. Idealtypischerweise lassen sich ethisches und religiöses Denken also kaum miteinander vereinbaren. (Um Missverständnissen vorzubeugen: Das bedeutet keineswegs, dass religiöse

Menschen per se nicht ethisch denken könnten, doch in dem Moment, in dem sie ethisch argumentieren, verlassen sie das intellektuelle Hoheitsgebiet ihrer Religion.)

Die Religionen kompensieren ihre Defizite auf dem Gebiet der Ethik, indem sie *an die Stelle ethischer Interessenabwägungen moralische Gebots- und Verbotskataloge setzen.* Leider wird die Differenz zwischen diesen beiden Verfahrensweisen leicht übersehen, da im alltäglichen (ja selbst im philosophischen!) Sprachverständnis die Begriffe Ethik und Moral meist als *Synonyme* gebraucht werden. Bei genauerer Betrachtung zeigt sich aber, dass es sich bei Ethik und Moral um *diametral entgegengesetzte Ansätze zur Begründung von Verhaltensnormen* handelt. Schärfen wir also unser Begriffsverständnis:

- In der Moral geht es um die *subjektive Wertigkeit von Menschen vor dem Hintergrund vermeintlich vorgegebener metaphysischer Beurteilungskriterien (gut und böse)*, in der Ethik *hingegen um die objektive Angemessenheit von Handlungen anhand intersubjektiv festgelegter und immer wieder neu festzulegender Spielregeln (fair oder unfair).*
- Moralische Argumentation zielt auf die *Frage der persönlichen Schuldfähigkeit* ab und baut daher notwendigerweise auf dem *Konzept der Willensfreiheit auf, d. h. der Unterstellung, dass eine Person sich unter exakt denselben Bedingungen anders hätte entscheiden können, als sie sich de facto entschieden hat.* Ethische Argumentationsweisen können dagegen auf eine derart antinaturalistische Denkvoraussetzung[165] verzichten, weil ein Verbrechen auch dann noch ein Verbrechen ist, wenn der Täter gar nicht die Möglichkeit hatte, anders zu handeln. Eine (naturalistische) ethische Argumentation fragt deshalb prinzipiell nur nach der *objektiven Verantwortbarkeit* potentieller oder bereits realisierter Taten, nicht nach der *subjektiven Verantwortung* (Willensfreiheit) der Täter. Wir müssen keineswegs in anti-

naturalistischer Weise unterstellen, dass Hitler, Stalin, Konstantin der Große oder Papst Innozenz III. sich aus „freien Stücken" zu ihren Untaten entschlossen haben, um diese ethisch verurteilen zu können.

- Ein weiterer fundamentaler Unterschied von Ethik und Moral betrifft die jeweiligen *Anwendungsgebiete.* Ethische Argumentation zielt auf die *faire Lösung von Interessenkonflikten zwischen Personen bzw. zwischen Personen und ihrer nichtpersonalen Umwelt* und ist insofern *nur* sinnvoll, wenn *mindestens zwei Akteure mit widerstrebenden Interessen* vorhanden sind. Daraus folgt, dass man sich selbst gegenüber sich nicht unethisch verhalten kann. Das Ausleben eigennütziger Bedürfnisse avanciert nur dann zu einem Problem der Ethik, wenn es mit Kosten auf der Seite anderer Personen (oder der nichtpersonalen Umwelt) verbunden ist. Demgegenüber behaupten Moralisten jedoch, dass man sich auch gegen sich selbst „versündigen" könne, dass bestimmte Verhaltensweisen prinzipiell unmoralisch seien – selbst, wenn niemand (außer vielleicht man selbst) Schaden daran nehme. Diese Differenz von ethischer und moralischer Argumentation hat weitreichende Konsequenzen für das *Selbstbestimmungsrecht des Menschen.* Am deutlichsten zeigt sich dies vielleicht auf dem Gebiet der Sexualität: Aus ethischer Perspektive (Beurteilungskriterium: fair/unfair) ist es völlig irrelevant, ob ein Mensch homosexuelle Partnerschaften pflegt, ob er masturbiert, Oral- oder Analverkehr praktiziert, aus moralischer Perspektive jedoch (gut/böse) werden diese Handlungen häufig als „besonders verwerflich" eingestuft und – sofern Moralisten die erforderliche Macht dazu haben – auch rigoros unterbunden (nicht ohne Grund sind homosexuelle Handlungen auch heute noch dort, wo [religiöse] Moralisten uneingeschränkt das Sagen haben, mit der Todesstrafe belegt).
- Während die (naturalistische) Ethik die eigennützigen Bedürfnisse der Menschen unumwunden akzeptiert und

nur ihre *Realisierungs-Chancen und -Legitimationen* problematisiert, stellen für Moralisten die *menschlichen Bedürfnisse selbst* das zentrale Problem dar, das überwunden werden muss. Um für diesen existentiellen Kampf gewappnet zu sein, träumen sie sich eine besondere Seelensphäre herbei, die die Rolle des trotzigen Widerparts zum tierisch-eigennützigen Organismus spielen soll („Der Geist ist willig, das Fleisch ist schwach"). *Doch der für den Moralismus unverzichtbare Körper-Geist-Dualismus ist eine empirisch widerlegte Fiktion.*[166] Deshalb ist es auch nicht erstaunlich, dass die moralisch intendierte *Eliminierung des Eigennutzes* niemals gelingen kann. Mehr noch: Gerade unter moralistischen Bedingungen neigt der Eigennutz dazu, besonders niederträchtige und unkontrollierbare, hinter scheinbar „ehrbaren Motiven" verdeckte Formen anzunehmen (Kreuzfahrer, die „für Gott streiten" – und sich doch nur selbst bereichern, „unterwürfige Diener des Proletariats", die sich wie die schlimmsten Aristokraten an den Früchten der Arbeit anderer Menschen vergreifen etc.). Naturalistische Ethiker lehnen solche moralistischen Ablenkungsmanöver ab. Sie orientieren sich stattdessen an der gut belegten, illusionslosen Formel der Soziobiologie: „Traue keinem erhabenen Motiv, wenn sich nicht auch ein handfesteres finden lässt".

Aus all diesen Gründen können evolutionäre Humanisten in ihrer Ethik auf die vermeintlichen Hilfestellungen einer „Moral" getrost verzichten. Sie haben begriffen, dass es sinnlos ist, den Eigennutz, das *Grundprinzip des Lebens und damit auch die Quelle aller Kreativität, Freundschaft und Liebe*, bekämpfen zu wollen. Deshalb konzentrieren sie sich auf die gesellschaftlichen *Spielregeln, die jenseits aller biologischen Verhaltenspräferenzen dafür verantwortlich sind, welche Gestalt der Eigennutz im sozialen Miteinander annimmt.*

Tragischerweise ist es in der bisherigen Geschichte nur unzureichend gelungen, *den Eigennutz in den Dienst der Humanität zu stellen.* Dies zu ändern, ist das erklärte Ziel des evolutionären Humanismus und auch die größte ethische, ökonomische und politische Herausforderung unserer Zeit.

Den Eigennutz in den Dienst der Humanität stellen!

Spielregeln für ein menschliches Miteinander

Wer die Bedeutung des biologischen Prinzips Eigennutz, das die Grundlage für jede noch so altruistische Handlung bildet, richtig einzuschätzen vermag, für den ist evident: *Die Geschichte wird nicht von schöngeistigen Ideen bestimmt, sondern von handfesten eigennützigen, vor allem ökonomischen Interessen.* Diese Erkenntnis verdanken wir bekanntlich nicht zuletzt der marxistischen Sozialphilosophie, die die Abhängigkeit des kulturellen Überbaus vom ökonomischen Unterbau ins Blickfeld rückte.

Eigentlich hätte man von daher erwarten dürfen, dass gerade der Marxismus immun sei gegen allzu idealistische Heilserwartungen, doch paradoxerweise geriet gerade er in den wohlbegründeten Verdacht, den Einfluss des individuellen Eigennutzes in seinem gesellschaftlichen Gegenentwurf unterschätzt zu haben. Belege hierfür lassen sich leicht finden: Man denke beispielsweise an den verheerenden Machtmissbrauch kommunistischer Parteifürsten (sowohl im Zentrum der Sowjetmacht als auch in den Provinzen) oder an das Verhalten der russischen Bauern, die lieber ihr Vieh vorzeitig schlachteten und ihre Felder veröden ließen als ihr vermeintliches „Gattungswesen“ zu verwirklichen und generös die Früchte ihrer Arbeit dem „Proletariat“ zur Verfügung zu stellen.

Die Spielregeln des Sowjetstaates waren von Anfang an falsch definiert und lenkten den Eigennutz in gefährliche

Bahnen. Lenin schien dieses Problem immerhin erkannt zu haben und wollte die ökonomische und soziale Katastrophe mit Hilfe der sog. „Neuen Ökonomischen Politik“ abwenden, er ging dabei sogar so weit, die eigene Politik als „dumm und selbstmörderisch“ zu bezeichnen und seinen verdutzten Anhängern zu empfehlen, den „Handel zu lernen“.[167] In einem seiner letzten Artikel hieß es: „Für den Anfang könnten wir etwas von der Kultur der Bourgeoisie gebrauchen.“[168] Aber für eine solche Neubesinnung war es schon zu spät. Im Hintergrund hatte Stalin bereits die Fäden in der Hand und sorgte dafür, dass der bereits unter Lenin begonnene Staatsterrorismus zur Perfektion getrieben wurde.

Interessanterweise hatte bereits Karl Marx, auf den sich sowohl Lenin als auch Stalin beriefen, auf die Gefahren eines übermächtigen Staates hingewiesen. Die Worte, die er 1871 in seinem ersten Entwurf zum „Bürgerkrieg in Frankreich“ fand, klingen beinahe wie eine böse Vorahnung des staatssozialistischen Elends von 1917ff.: „Alle Revolutionen vervollkommneten [...] nur die Staatsmaschinerie, statt diesen ertötenden Alp abzuwerfen. Die Fraktionen und Parteien der herrschenden Klassen, die abwechselnd um die Herrschaft kämpften, sahen die Besitzergreifung (Kontrolle) (Bemächtigung) und die Leitung dieser ungeheuren Regierungsmaschinerie als die hauptsächliche Siegesbeute an. Im Mittelpunkt ihrer Tätigkeit stand die Schaffung ungeheurer stehender Armeen, eine Masse von Staatsparasiten und kolossaler Staatsschulden.“[169]

Angesichts dieser Verirrungen war es für Marx evident, dass eine wirkliche Revolution großen Wert auf einen schnellen Abbau des Staatsapparates legen musste. Die Devise formulierte er unmissverständlich: „Beseitigung der Staatshierarchie überhaupt und Ersetzung der hochfahrenden Beherrscher des Volkes durch jederzeit absetzbare Diener, der Scheinverantwortlichkeit durch wirkliche Verantwortlichkeit, da sie dauernd unter öffentlicher Kontrolle arbeiten."[170] Der Kampf, den er führen wollte, galt nicht zuletzt auch der „zentralisierte(n) Staatsmaschinerie, die mit ihren allgegenwärtigen und verwickelten militärischen, bürokratischen, geistlichen und gerichtlichen Organen die lebenskräftige bürgerliche Gesellschaft wie eine Boa constrictor umklammert".[171]

Schöner als Marx, der Vater des Sozialismus, hätte kaum ein Neoliberaler unserer Tage den Abgesang auf den starken Staat formulieren können. Heißt das aber nun im Umkehrschluss, dass die neumodische Maxime, den Staat auf ein Mindestmaß „gesundzuschrumpfen" und alles Weitere dem „entgrenzten Markt" zu überlassen, richtig ist?

Nein, denn auch die einseitige Fixierung auf den Markt ist mit höchst unerfreulichen Kosten verbunden. Darauf machte schon ein Autor aufmerksam, der als Kritiker des Kapitalismus ähnlich unverdächtig sein dürfte wie Marx als Kritiker des Staatssozialismus, nämlich Adam Smith – ausgerechnet jener Mann, der die viel strapazierte Metapher von der „unsichtbaren Hand des Marktes" erfand.[172]

In seinem monumentalen ökonomischen Grundlagenwerk *The Wealth of Nations* (deutsch: *Der Wohlstand der Nationen)* hatte Smith dargelegt, dass die enorme Effizienz des Marktes in erster Linie auf dem Prinzip Eigennutz gründet: „Nicht vom Wohlwollen des Metzgers, Brauers und Bäckers erwarten wir das, was wir zum Essen brauchen, sondern davon, dass sie ihre eigenen Interessen wahrnehmen. Wir wenden uns nicht an ihre Menschen-, sondern an ihre Eigenliebe, und wir erwähnen nicht die eigenen Bedürfnisse, sondern sprechen von ihrem Vorteil."[173] Gerade das, was von moralphilosophischer Seite meist abgewertet wurde (und auch heute noch wird), avanciert bei Smith zur alles entscheidenden Kraft, von der der Erfolg der gesamten Gesellschaft abhängt: *Das eigennützige Streben des Einzelnen ist nach Smith die beste Voraussetzung für das Wohl Aller.* Der Mensch werde dabei „von einer unsichtbaren Hand geleitet, um einen Zweck zu fördern, den zu erfüllen er in keiner Weise beabsichtigt hat".[174]

Was steckt hinter dieser zunächst seltsam anmutenden Idee? Nehmen wir an, A nimmt als Produzent am Marktgeschehen teil. Will er im Kampf mit der Konkurrenz nicht hoffnungslos unterliegen, so ist er gezwungen, seine Produkte ständig zu verbessern, seine Produktivität zu steigern usw. Die mit diesem Zwang zur Verbesserung von Qualität und Effektivität der Produktion verbundenen Innovationsschübe kommen nicht nur A zugute, sondern (unter idealen Bedingungen) auch allen anderen Gesellschaftsmitgliedern (die von A produzierten Güter werden qualitativ besser und preiswerter; und da nicht nur A, sondern auch B bis Z den gleichen Marktprinzipien unterliegen, steigt kontinuierlich der allgemeine Wohlstand an…)

Dass die „unsichtbare Hand des Marktes" tatsächlich wirkmächtig ist, ist mittlerweile experimentalpsychologisch bestens belegt[175] – ein Ergebnis, das niemanden verwundern sollte, *denn im Kern ist das Marktprinzip kaum etwas anderes als eine Übertragung evolutionärer Regeln auf das Wirtschaftsverhalten des Menschen* (man denke beispielsweise an die gegenseitige Hochrüstung von Räuber- und Beutetieren in der Natur). Mit dieser unbestreitbaren Stärke des Marktmodells, das Smith insofern völlig zu Recht als eine Art des „natürlichen Wirtschaftens" begriff, sind allerdings auch ernst zu nehmende Gefahren verbunden. *Evolution bedeutet nämlich keineswegs notwendigerweise „Fortschritt" – und schon gar nicht in einem humanistisch-aufklärerischen Sinne!* In Wirklichkeit ist Evolution, jener seltsame „Zickzackweg auf dem schmalen Grat des Lebens" (Wuketits) alles andere als ein zielgerichteter Prozess, sie kann mit dem Anstieg, aber auch mit dem Rückgang von Komplexität einhergehen, fördert den Aufstieg, aber auch den Untergang von Arten (und Kulturen!), ist ein Synonym für Selbstorganisation, aber auch für Selbstzerstörung.[176]

Diese Ambivalenz ist auch auf der Ebene des evolutionären Regeln folgenden Marktes zu beobachten. Aus ethischer Perspektive ist das größte Problem des Marktes in der *Begrenztheit* des in ihm wirkenden und von ihm beförderten *evolutionären Fairnessprinzips* („tit for tat") zu sehen. Man könnte die bereits beschriebene „heimtückische Kooperationsstrategie eigennütziger Individuen"[177] folgendermaßen auf den Wirtschaftssektor übertragen: „Nimm Rücksicht auf die Interessen jener Individuen und Organisationen, die für dich als Kunden oder Kooperationspartner in Frage kommen, doch ignoriere (ja missachte sogar im Konfliktfall!) die Interessen all jener, die weder als Konsumenten noch als Produzenten am Marktgeschehen ernsthaft beteiligt sind!"

Das Marktprinzip ist zweifellos ein hervorragendes Instrument zur Befriedigung individueller Bedürfnisse (und in dieser Hinsicht jeder staatlichen Planungsagentur weit überlegen), doch befriedigt es von sich aus keineswegs *alle* Bedürfnisse, sondern nur die der *zahlungsfähigen Konsumenten. Die Bedürfnisse derer, die aufgrund der jeweils geltenden sozio-ökonomischen Spielregeln nicht am Marktgeschehen teilnehmen können, bleiben auf der Strecke.* Diese bedauernswerte Gruppe der *Marktausgeschlossenen* umfasst nicht nur jene Abermillionen von Menschen, die gezwungen sind, ihr Leben unter ärmsten Verhältnissen zu fristen. Betroffen sind auch die zukünftigen Generationen. Sie nämlich werden, ohne gefragt worden zu sein (was natürlich rein physikalisch nicht möglich ist), die Zeche für unseren verantwortungslosen Umgang mit der Umwelt zahlen müssen.

Bedauerlicherweise haben sämtliche Initiativen für eine sozial, ökonomisch und ökologisch tragfähige Entwicklung („sustainable development")[178] nur wenig an diesem zutiefst unethischen Verhalten gegenüber den nach uns kommenden Generationen geändert. Klar ist, dass dies auch solange so bleiben wird, solange wir nicht nachhaltig die

Spielregeln korrigieren, die es uns heute ermöglichen, einen beträchtlichen Teil der realen Kosten, die bei der Produktion, Distribution und Konsumtion von Gütern und Dienstleistungen anfallen, *in die Zukunft zu externalisieren.*

In einer Zeit, in der das Geld in einer bisher wohl noch nie da gewesenen Form die Welt regiert, ist es nicht uninteressant, die Dimension dieser Kostenverschiebungen in Heller und Pfennig auszudrücken. Andeutungsweise wurde dies schon 1991 in der Studie *Ökologische und soziale Kosten der Umweltbelastung in der Bundesrepublik Deutschland* versucht, die – eine wichtige Einschränkung! – nur die Kostenverschiebungen *innerhalb Deutschlands* thematisierte, also die Externalisierung der Kosten in fremde Länder völlig außer Acht ließ. Die Autoren des Berichts kamen zu dem Ergebnis, dass die externalisierten ökologischen und sozialen Kosten des Wirtschaftsausstoßes innerhalb der BRD im Jahr 1989 mit mindestens 475,5 Mrd. DM zu bemessen waren, was bedeutet, „dass bei Produktion und Konsumtion umweltbelastender Güter externe Kosten von über 20% des Bruttosozialproduktes entstehen, die nicht vom Verursacher getragen werden".[179] Bei all dem hatten die Verfasser die wichtigsten und wohl auch gravierendsten Umweltbelastungen, die bisher nicht quantifiziert werden können (z. B. die Verschmutzung der Meere, die Zerstörung der stratosphärischen Ozonschicht oder die Emission von Kohlendioxid und den damit verbundenen anthropogenen Treibhauseffekt), noch nicht einmal berücksichtigt. Wie grotesk die Verschiebung der Kosten eines Gutes zu Lasten künftiger Haushalte im Einzelfall ausfallen kann, demonstrierten Forscher 1994 am Beispiel des Pflanzenschutzmittels „Atrazin". Dieses kostete seinerzeit im Handel etwa 30 DM pro Kilo, für die Entfernung dieser Menge aus dem Grundwasser hätten jedoch 150.000 DM aufgebracht werden müssen.[180]

Eine Lösung dieses Problems könnte in einer Veränderung der ökonomischen Spielregeln bestehen, insbesondere in der Monetarisierung jener wertvollen öffentlichen Güter (beispielsweise sauberer Luft), die bislang noch weitgehend kostenlos genutzt werden können (Beispiel: „Emissionsrechtehandel“). Um die hierdurch entstehenden Kosten zu senken, würden Produzenten ein eigennütziges Interesse entwickeln, die „ökologischen Rucksäcke“ ihrer Produkte zu reduzieren, so dass künftige Generationen weniger stark unter den Negativfolgen externer Effekte zu leiden hätten.

Während sich die *ökologischen Probleme* auf diese durchaus marktwirtschaftliche Weise prinzipiell lösen lassen (auch wenn zweifellos in der Realität mächtige Interessenverbände dem im Wege stehen!), scheint die Lösung des drängendsten *sozialen Problems* der Menschheit, der katastrophalen Ungleichverteilung von Macht und Reichtum, in weite Ferne gerückt. In Folge der Globalisierung hat sich die Kluft zwischen Arm und Reich noch weiter vergrößert. Die Einkommenslücke zwischen dem reichsten Fünftel der Weltbevölkerung und dem ärmsten Fünftel lag 1997 bei 74:1, während sie 1990 60:1 und 1930 sogar nur 30:1 betragen hatte.[181] Mittlerweile hat die Ungleichverteilung geradezu groteske Formen angenommen: So verfügen die drei reichsten Menschen der Erde über ein Vermögen, das größer ist, als das Bruttoinlandsprodukt der 49 am wenigsten entwickelten Länder, die Vermögenswerte der 200 reichsten Personen übersteigen das Gesamteinkommen von 41 Prozent der Weltbevölkerung (also von rund 2,5 Milliarden Menschen!).[182] Während auf der einen Seite die Zahl der Multimillionäre stetig ansteigt, müssen etwa 1,2 Milliarden Menschen (ein Fünftel der Menschheit) mit weniger als einem US-Dollar pro Tag auskommen, insgesamt drei Milliarden (rund die Hälfte der Erdbevölkerung!) mit weniger als zwei US-Dollar pro Tag.[183]

Doch die Schere zwischen Arm und Reich geht nicht nur im globalen Maßstab immer weiter auseinander, das gleiche Phänomen ist auch innerhalb der Nationen feststellbar. In der reichen Industrienation Deutschland etwa verfügen die einkommensschwächeren 50 Prozent der Haushalte über weniger als 4 Prozent des gesamten Nettovermögens, die vermögensstärksten 20 Prozent hingegen können rund zwei Drittel des gesamten Nettovermögens auf sich vereinen. Dabei entfallen allein auf das oberste Zehntel der Haushalte 47 Prozent des gesamten Nettovermögens (ihr Anteil ist in den Jahren 1998-2004 um gut zwei Prozentpunkte gestiegen).[184] Auf der anderen Seite hat sich die Gesamtzahl der überschuldeten Privathaushalte zwischen 1999 und 2002 von 2,77 Mio. auf 3,13 Mio. Haushalte erhöht – ein Anstieg von 13 Prozent.[185]

Bedauerlicherweise muss man konstatieren, dass sich unter dem Diktat kapitalistischer Profitmaximierung selbst die größten Segnungen des Marktprinzips, nämlich der Druck in Richtung einer immer effizienteren Produktionsweise, zunehmend in volkwirtschaftliche Übel verwandeln. Seit 1960 ist die Produktivität je Erwerbsarbeitsstunde etwa auf das Dreifache gestiegen, in manchen Branchen sogar um ein Vielfaches davon. Folglich werden immer weniger Menschen benötigt, um immer mehr produzieren zu können. Wenn eine Autofabrik vor dreißig Jahren noch 40.000 Beschäftigte benötigte, kann sie heute mit nur 2.000 Angestellten einen höheren Ausstoß erzielen. Die Folgen dieses Strukturwandels sind schon jetzt deutlich erkennbar und dabei stehen wir heute erst in den Anfängen der unaufhaltsamen digitalen Revolution.

Fest steht: Die gegenwärtigen hohen Arbeitslosenzahlen sind kein Produkt einer vorübergehenden konjunkturellen Schwäche, sondern – unter den gegebenen ökonomischen Spielregeln – das Signum einer postindustriell weit entwickelten Gesellschaft. Die dahinter stehende Formel ist einfach zu begreifen: Je höher die Arbeitsproduktivität einer Wirtschaft (also: je weiter die Rationalisierung vorangeschritten ist), desto geringer die gesellschaftlich notwendige Arbeitszeit.[186] Eine Lektion, die anscheinend schon Marx begriffen hatte, der den Nationalökonomen seiner

Zeit vorwarf, zu vergessen, „dass die Produktion von zuviel Nützlichem zuviel unnütze Population produziert".[187]

Es scheint, dass die entwickelten Volkswirtschaften einen Sättigungsgrad erreicht haben, der vor allem deshalb nicht mehr überschritten werden kann, weil das Heer der *zahlungsfähigen* Konsumenten nicht mehr mit dem Tempo der auf Wachstum ausgerichteten Produktion Schritt halten kann.[188] Die Folge sind Insolvenzen von Unternehmen und Privatpersonen sowie einschneidende Kürzungen der Sozialleistungen durch den Staat, der selbst immer hoffnungsloser in die Verschuldungsspirale gerät und dadurch immer weniger in der Lage ist, die systemimmanente Umverteilung von arm auf reich zu kompensieren.

Im Grunde aber ist es nicht die *Produktivitätssteigerung*, die diese Probleme erzeugt, *sondern unsere erschreckende Unfähigkeit, diesen Prozess* (Produktivitätssteigerung ist, unvoreingenommen betrachtet, ein großer Segen, kein Fluch!) *sinnvoll zu gestalten.* Sicher ist, dass wir auch in diesem Fall die sozio-ökonomischen Spielregeln grundlegend neu definieren müssten. *Unsere Aufgabe besteht darin, endlich jene strukturellen Bedingungen zu schaffen, die gewährleisten, dass der Eigennutz der Individuen sowie der von ihnen geschaffenen Institutionen in humanere Bahnen gelenkt wird.* Hierbei handelt es sich allerdings um ein außergewöhnlich schwieriges Unternehmen, eine Herausforderung, die so komplex ist, dass sie im Rahmen dieser Abhandlung nicht einmal andeutungsweise skizziert werden kann.[189]

Versagen wir vor dieser Herausforderung, wird dies wahrscheinlich katastrophale Folgen haben. Die von mancher Seite gepflegte Fiktion einer Gesellschaft, in der zwanzig Prozent der Menschen produktiv tätig sind, während 80 Prozent mit „titty-tainment" ruhig gestellt werden, wird früher oder später an den Kanten der Realität zerschellen. *Die Menschen werden kaum auf Dauer ein gesellschaftliches „Monopoly-Spiel" akzeptieren, bei dem von vornherein festgelegt ist, dass die lukrativsten Straßen und Hotels bereits an eine kleine Oberschicht vergeben sind.* Im Moment reagieren sie auf diese unfairen Spielregeln noch vornehmlich mit *Resignation* (also einer *reduzierten wirtschaftlichen Eigenmotivation*, was schon jetzt mit negativen wirtschaftlichen Konsequenzen verbunden ist). Sollten sich die Missverhältnisse jedoch weiterhin verschärfen, was bei Beibehaltung der gegenwärtigen Spielregeln bei jeder neuen Spielrunde unweigerlich der Fall sein wird (!), so wird sich diese Resignation vermutlich zunehmend in *Aggression* verwandeln.

Auf längere Sicht ist zu erwarten, dass mehr und mehr Menschen mit allem Nachdruck neue gesellschaftliche Spielregeln einklagen werden, *allerdings ist zu befürchten, dass diese Spielregeln keine humanistisch-aufklärerischen, sondern vielmehr fundamentalistische sein werden.* Wie u. a. empirische Studien zum katholischen Fundamentalismus in Frankreich gezeigt haben, erhält der Fundamentalismus besonderen Zulauf gerade aus solchen sozialen Schichten, die „vom ökonomischen und sozialen Wandel bedroht sind und denen die Instabilität der religiösen Formen zum Symbol ihrer beängstigenden sozialen Unsicherheit wird".[190] Auch der momentane Boom fundamentalistischer Strömungen im Islam hat hier seine Wurzeln. Er bietet vielen *die einzig denk- und lebbare Alternative zu jener sog. „freiheitlichen Weltordnung*", in der offensichtlich die Armen immer ärmer und die Reichen immer reicher werden und in der ein selbsternannter „Weltpolizist" namens USA eigenmächtig, aber ungestraft, internationales Recht brechen kann. Von Menschen, die keinen Zugang zu vernünftigen Sozial- und Bildungssystemen haben, die unter solch kümmerlichen Bedingungen leben, dass am Ende die Zugehörigkeit zu einer bestimmten Religion oder Volksgruppe das Einzige bleibt, worauf sie in ihrem Leben stolz sein können, kann man kaum etwas anderes erwarten.

Diese Gruppe, die vorwiegend aus Mitgliedern der verarmten Unterschicht sowie der marginalisierten, vom sozialen Abstieg bedrohten Mittelschicht besteht, bildet das Fußvolk des stetig anwachsenden Heeres fundamentalistisch Gläubiger. Angeführt werden sie von religiös fanatisierten Intellektuellen, die sich entweder unter Ausblendung moderner Erkenntnisse dem Studium „heiliger Texte" verschrieben haben oder aber in den Genuss der bereits beschriebenen „halbierten Aufklärung" gekommen sind. Bei Letzteren handelt es sich meist um Studenten bzw. Absolventen angewandter naturwissenschaftlicher und technischer Fächer, d. h. um Menschen, die einerseits auf technischem Gebiet hochqualifiziert sind, andererseits aber in ihrer Ausbildung am wenigsten mit modernen, aufklärerischen, humanistischen Ideen konfrontiert wurden. Studien zur Ausbreitung des Fundamentalismus an ägyptischen Universitäten haben gezeigt, dass die Studenten der Sozial- und Humanwissenschaften im Vergleich mit ihren naturwissenschaftlich-technisch ausgerichteten Kommilitonen eher säkularen politischen Strömungen anhängen, weshalb sie im Projekt der politischen Wiederbelebung des Islam als revolutionärer Ideologie kaum von Bedeutung sind.[191]

Hieraus können wir ersehen, dass *kulturelle Leitbilder* sehr wohl einen beträchtlichen Einfluss auf die gesellschaftliche Entwicklung haben. Es wäre falsch, zu meinen, die ökonomischen und politischen Missstände seien alleine für die Attraktivität fundamentalistischer Heilserzählungen verantwortlich. *Entscheidend ist vielmehr, wie diese Missstände kulturell interpretiert werden, welche Lösungsmöglichkeiten gesehen werden können, wie realistisch diese erscheinen und welche persönlichen Vorteile sich die betroffenen Individuen von ihnen erhoffen.*

In diesem Zusammenhang wäre es grob fahrlässig, die Entwicklung und gesellschaftliche Verankerung solcher kultureller Interpretationsschemata der „unsichtbaren Hand des Marktes" zu überlassen. Das wusste bereits Adam

Smith, der die Rolle des Staates keineswegs auf eine bloße „Nachtwächterfunktion“ beschränkt wissen sollte. Der Staat hatte in seinem Modell nicht allein wirtschaftspolitische Aufgaben zu versehen (beispielsweise die Aufgabe, Monopole zu verhindern, also die Prinzipien des Marktmodells gegen allzu mächtige eigennützige Interessen zu verteidigen). Smith sah die besondere Verantwortung des Staates vor allem auch auf dem Gebiet der Bildung angesiedelt. Erst wenn das Recht auf gleiche Bildung für alle garantiert sei, könne man, so Smith, von einer gerechten Gesellschaft sprechen.[192]

Durch eine staatlich garantierte allgemeine Bildung hoffte er insbesondere die negativen Folgen der an sich produktiven Arbeitsteilung aufheben zu können. Smith beschrieb die mit Arbeitsteilung einhergehenden Entfremdungsprozesse folgendermaßen: „Jemand, der tagtäglich nur wenige einfache Handgriffe ausführt, die zudem immer das gleiche oder ein ähnliches Ergebnis haben, verlernt, seinen Verstand zu gebrauchen. Er wird stumpfsinnig und einfältig, wie ein menschliches Wesen nur eben werden kann. Solch geistlose Tätigkeit beraubt ihn nicht nur der Fähigkeit, Gefallen an einer vernünftigen Unterhaltung zu finden oder sich daran zu beteiligen, sie stumpft ihn auch gegenüber differenzierteren Empfindungen, wie Selbstlosigkeit, Großmut oder Güte, ab, so dass er auch vielen Dingen gegenüber, selbst jenen des täglichen Lebens, seine gesunde Urteilsfähigkeit verliert.“[193]

Überließe man das Aufgabenfeld der Bildung dem Markt alleine, so wäre eine Korrektur dieser Entfremdungserscheinungen schwerlich möglich, *wahrscheinlich würden über kurz oder lang sogar all jene Bildungsangebote verschwinden, die über das ökonomisch direkt Verwertbare bzw. über den reinen Spaßfaktor hinausgehen.* Wie bildungs- und damit auch menschheitsdeformierend eine einseitig an Profitmaximierung orientierte Marktpolitik wirken kann, lässt sich gut am Beispiel der kulturellen Niederungen der heutigen Fernsehlandschaft demonstrieren.

Die unsichtbare Hand des Marktes hat hier ganze Arbeit geleistet, weshalb in den Chefetagen Quote heute weit mehr gilt als Qualität: *Je flacher das Sendeformat, desto breiter das Grinsen der Macher.* Die Programmverantwortlichen begreifen sich zunehmend als bloße Dienstleister („Wer Mist will, bekommt auch Mist geliefert!"). Wer von ihnen etwas anderes erwartet als Marktfixierung, etwa, dass sie sich bewusst sein sollten, welche bedeutende Rolle ihnen in einer Mediengesellschaft zufällt, der läuft Gefahr, ausgelacht zu werden.

Angebot und Nachfrage sind gerade auf dem Feld der massenmedialen Kommunikation *selbstverstärkende Prozesse.* Wer dank der kurzfristigen Profitinteressen der Programmmacher niemals erfahren durfte, dass es auch jenseits der MTV-Standardrotation interessante musikalische Universen gibt (die man aber erst dann genießen kann, wenn man sich mit ihnen eingehender beschäftigt), wem niemals vermittelt wurde, dass es spannender ist, sich mit Philosophie, Wissenschaft und Kunst zu beschäftigen als den intellektuell arg limitierten Big-Brother-Insassen beim Nasepopeln zuzuschauen, der wird sich notgedrungen mit den schlechteren Alternativen abfinden – nicht wissend, was er dadurch in seinem Leben verpasst.

Doch Opfer der *profitmaximierenden, medialen Gleichschaltung auf unterstem Niveau* sind nicht nur die hart an der Grenze zur Debilität dahinvegetierenden Individuen, sondern die Gesellschaft als Ganzes. Wie gesagt: Eine Gesellschaft (und „Gesellschaft" ist für evolutionäre Humanisten letztlich eine bedeutendere Größe als „Markt" oder „Staat"![194]) kann es sich auf Dauer nicht leisten, dass diejenigen, die Anspruch auf Mündigkeit stellen, selbst nicht den Ansprüchen der Mündigkeit gerecht werden. Wie soll man beispielsweise vernünftig über die Chancen und Grenzen der Genforschung streiten, wenn ein nicht geringer

Anteil der Bevölkerung „keine Gene in den Tomaten“ (!) haben will? Wie will man über Schwangerschaftsabbruch reden, wenn manche behaupten, ein Embryo sei schon deshalb eine Rechtsperson, nur weil sein Herz schlägt? Wie will man sinnvoll über christliche und islamische Werte diskutieren, wenn kaum jemand weiß, was tatsächlich in der Bibel bzw. im Koran steht? usw.

Die größte aktuelle Bedrohung für Homo sapiens besteht nicht in Erdbeben und Tsunamis, nicht in Vulkanausbrüchen und Meteoriteneinschlägen, nicht in korrupten Regierungen oder Konjunktureinbrüchen, sondern in einer *strukturell bedingten Dummheit*. Unser Wahnsinn hat System! Es mag vielleicht anregender und vielleicht auch subjektiv entlastender sein, anzunehmen, dass die Geschicke der Menschheit von einem Grüppchen finsterer Verschwörer gelenkt wird, in Wahrheit steckt hinter der ganzen Misere aber nur eine einzigartige, gigantische, weltumspannende Riesenblödheit.

Eben deshalb tut Aufklärung Not! Ohne eine breit angelegte, lokal wie global ansetzende Bildungsoffensive, die sich *erstens* auf die besten Traditionen von Wissenschaft, Philosophie und Kunst stützt und die sich *zweitens* nicht scheut, die Irrtümer selbst der heiligsten Traditionen tabulos offenzulegen, werden wir nicht in der Lage sein, die so dringend benötigten, besseren Spielregeln für das menschliche Zusammenleben zu definieren.

Klar ist: Sollte eine solche Offensive scheitern (was keineswegs unwahrscheinlich ist) würden darunter nicht nur die Mitglieder der stolzen Spezies Homo sapiens zu leiden haben, sondern auch ein Großteil unserer nichtmenschlichen Verwandtschaft. Deren Interessen wurden bislang in den meisten ethisch-politischen Konzepten sträflichst ignoriert, eine evolutionär-humanistische Ethik hätte aber ihren Namen nicht verdient, würde sie dies unreflektiert hinnehmen.

„Macht euch die Erde untertan"?

Warum wir uns vom Speziesismus verabschieden sollten

Wie wir gesehen haben, beruht die Ethik des evolutionären Humanismus weder auf „heiligen Werten" noch auf metaphysischen, moralisch aufgeladenen Konstrukten wie „Würde" oder „Sittlichkeit", ihr Ausgangspunkt sind die Interessen der an einem Konflikt beteiligten Akteure (deshalb können wir sie mit Norbert Hoerster als „interessenfundierte Ethik" bezeichnen[195]). Über „Interessen" (in einem weiteren Sinne) verfügen allerdings nicht nur Menschen, sondern auch Tiere, insbesondere jene, die mit einem zentralen Nervensystem (ZNS) ausgestattet sind. Rational wäre es daher kaum zu begründen, würde man die Interessen der Tiere in ethischen Debatten ausblenden oder sie nur deshalb geringer gewichten, weil die dahinter stehenden Individuen nicht Mitglieder unserer eigenen Spezies sind.

Schon Jeremy Bentham, dem Vater des modernen Utilitarismus, war dies klar. Er schrieb in einer Zeit, in der noch die Sklaverei an der Tagesordnung war: „Der Tag könnte kommen, an dem die übrigen Kreaturen jene Rechte erlangen werden, die man ihnen nur von tyrannischer Hand vorenthalten konnte. Die Franzosen haben bereits entdeckt, dass die Schwärze der Haut kein Grund dafür ist, jemanden schutzlos der Laune eines Peinigers auszuliefern. Es mag der Tag kommen, da man erkennt, dass die Zahl der Beine, der Haarwuchs oder das Ende des os sacrum [des Steißbeins bzw. des Schwanzes] gleichermaßen unzureichende Gründe sind, ein fühlendes Wesen demselben Schicksal zu überlassen. Was sonst ist es, was hier die trennbare Linie ziehen sollte? Ist es die Fähigkeit zu denken, oder vielleicht die Fähigkeit zu sprechen? Aber ein ausgewachsenes Pferd oder ein Hund sind unvergleichlich vernünftigere Lebewesen als ein Kind, das erst einen Tag, eine Woche oder selbst einen Monat alt ist. Aber selbst vorausgesetzt, sie wären anders, was würde das nützen? Die Frage ist nicht: können sie denken? oder: können sie sprechen?, sondern: können sie leiden?"[196]

Der australische Bioethiker Peter Singer verglich – Bentham folgend – die herkömmliche Argumentation, die die Interessen der nichtmenschlichen Lebewesen ausblendet, mit der Argumentationsweise des Rassismus: „Einem Leben nur deshalb den Vorzug zu geben, weil das Lebewesen unserer Gattung angehört, würde uns in die dieselbe Position bringen wie die Rassisten, die denen den Vorzug geben, die zu ihrer Rasse gehören."[197] Doch was könnte an die Stelle eines solchen „speziesistischen Rassismus" (kurz: „Speziesismus") gesetzt werden? Singer schlug vor, „dass wir, wenn wir das Prinzip der Gleichheit als eine vernünftige moralische Basis für unsere Beziehungen zu den Angehörigen unserer Gattung akzeptiert haben, auch verpflichtet sind, es als eine vernünftige moralische Basis für unsere Beziehungen mit Lebewesen außerhalb unserer Gattung anzuerkennen – den nichtmenschlichen Lebewesen".[198]

Hiermit meinte er allerdings keine totale, faktische Gleichberechtigung der Menschen mit jeder beliebigen Tierart, schließlich könne man, so Singer, „das Leiden eines Menschen, der langsam an Krebs stirbt, nicht mit der Maus im Laboratorium vergleichen, die dasselbe Schicksal trifft".[199] Deshalb betonte er, „dass wir bei Vergleichen zwischen den Interessen der Angehörigen verschiedener Gattungen Sorgfalt walten lassen müssen".[200] So weit, so gut. An diesem Punkt stellt sich allerdings die Frage, wie wir überhaupt herausfinden können, welche Situationen für

Menschen und nichtmenschliche Lebewesen vergleichbar sind: Wie sollen wir das Erleben von Tieren nachvollziehen können, wie feststellen, welche Interessen und Bedürfnisse für sie von besonderem Gewicht sind?

Glücklicherweise hat die Wissenschaft auch auf diesem Gebiet große Fortschritte gemacht. Wir können heute viel besser als je zuvor einschätzen, welche Bedürfnisse Tiere haben, wie stark diese jeweils ausgeprägt sind und wie sehr die Tiere dementsprechend darunter leiden, wenn sie einige ihnen besonders wichtige Neigungen (etwa aufgrund der Haltungsbedingungen) nicht ausleben können. Natürlich können wir die Tiere nicht direkt danach befragen, wie bedeutend die Verwirklichung eines spezifischen Bedürfnisses für sie ist, aber es gibt eine vorzügliche, indirekte Methode, die Stärke von Bedürfnissen zu ermitteln. Die Formel, auf die die Forscher dabei zurückgreifen, ist einfach, aber höchst effizient (sie würde übrigens auch bei Menschen funktionieren): *Je stärker ein Bedürfnis ausgeprägt ist, desto höher sind auch die Kosten, die ein Individuum in Kauf nimmt, um dieses Bedürfnis befriedigen zu können.*[201]

Mit Hilfe dieser Formel konnten Wissenschaftler mittlerweile sehr viel über die Bedürfnisse von Tieren herausfinden. So stellte sich beispielsweise heraus, dass Legehennen ein ungewöhnlich intensives Interesse daran haben, scharren zu dürfen, dass sie also in Legebatterien, die dies verhindern, auf schlimmste Weise leiden. Die Versuchsanordnung, der wir dieses Ergebnis verdanken, sah folgendermaßen aus:[202] Man bot Hühnern hinter einer für sie nur höchst unangenehm passierbaren Begrenzung (Hühner haben eine natürliche Abneigung dagegen, sich durch schmale Lücken zu zwängen) verschiedene Reize an (Futter, andere Hühner, eine Nestbox, Streu zum Scharren etc.). Dabei zeigte sich, dass hungrige Hennen nur im äußersten Notfall (also zu einem Zeitpunkt, in dem das Hungergefühl übermächtig wurde) den Preis zahlen wollten, die Begrenzung zu passieren. Selbst für die Gelegenheit, in Kontakt mit anderen Hühnern zu treten, wollten die Hennen (eigentlich höchst gesellige Tiere) nur geringe Kosten auf sich nehmen (die Lücke, die passiert werden musste, durfte nicht allzu schmal sein).

Durchgängig aber zahlten Hennen ungewöhnlich hohe „Preise“ (gingen also selbst durch schmalste Lücken), um ihrem Bedürfnis „nach einem Staubbad“, d.h. nach Scharren im Streu, nachkommen zu können. Auch die angebotene Nestbox wurde einmal im Tag für die Tiere höchst attraktiv, zu dem Zeitpunkt nämlich, als sie ihre Eier legen wollten. Dann zwängten sich die Hennen durch jede noch so schmale Umgrenzung, um die Nestbox zu erreichen. Ist man sich der Bedeutung solcher Bedürfnisse im Erleben der Hühner bewusst, kann man sich in etwa vorstellen, welche ungeheuren Frustrationen und Qualen jene Abermillionen von Hennen Tag für Tag in den industriellen Legebatterien durchleiden müssen…

Könnten, ja müssten wir aus ethischen Gesichtspunkten heraus solche Industrieanlagen nicht konsequent verbieten und für Legehennen ein „Recht auf Freilandhaltung“ einklagen? Selbstverständlich! Das Interesse an einem billig produzierten Ei auf der einen Seite (Menschen) rechtfertigt aus evolutionär-humanistischer Perspektive keineswegs die Qualen auf der anderen Seite (Hühner). Unsere Lebensmittelindustrie würde gewiss nicht zusammenbrechen, wenn wir Wert darauf legen würden, dass die fundamentalsten Bedürfnisse der Tiere endlich die Beachtung finden, die sie verdienen. Auch hier muss die „sichtbare Hand des Staates“ (bzw. der Gesellschaft) entschieden eingreifen und Spielregeln definieren, die nachhaltig dafür sorgen können, die unsichtbare Hand des Marktes in ethisch gerechtfertigte Bahnen zu lenken.

Eine solche Berücksichtigung ethischer Fairnessregeln ist von besonderer Bedeutung, wenn menschliche Interessen in Konflikt mit den Interessen jener Tiere geraten, die über eine komplexe Hirnstruktur und ein entsprechend hoch entwickeltes Bewusstsein verfügen (etwa Kühe, Schweine, Katzen, Hunde, Delphine oder Affen). Schädigende Tierversuche an solchen höher entwickelten Lebewesen sollten möglichst ganz vermieden werden bzw. nur dann erlaubt sein, wenn es definitiv keine anderen Möglichkeiten etwa zur Erprobung neuer Medikamente gibt.

„Füge nichtmenschlichen Lebewesen nur so viel Leid zu, wie dies für den Erhalt deiner Existenz unbedingt erforderlich ist!", ließe sich die tierethische Maxime des evolutionären Humanismus in etwa umschreiben. Dieser Leitsatz unterscheidet sich deutlich von der biblischen Anweisung „Macht euch die Erde untertan!", die trotz aller modischen Lippenbekenntnisse zur „Bewahrung der Schöpfung" auch heute noch in oft erbarmungsloser Weise insbesondere von Vertretern der abrahamitischen Religionen (Judentum, Christentum, Islam) umgesetzt wird. Albert Schweitzer hatte völlig Recht, als er sagte, das Christentum habe die Tiere aus der Ethik vertrieben wie die Hausfrau den Hund aus der frisch gescheuerten Küche. Man mag vielleicht noch darüber streiten, ob unser Umgang mit der nichtmenschlichen Natur tatsächlich das „schwärzeste Verbrechen" der Menschheit ist, wie Karlheinz Deschner schreibt,[203] dass es sich hierbei aber um einen der schlimmsten ethischen Makel unserer Spezies handelt, ist kaum in Frage zu stellen.

Einigen radikalen Tierrechtlern indes wird die tierethische Position des evolutionären Humanismus nicht weit genug gehen. Sie werden in der ethischen Privilegierung des Menschen gegenüber den Tieren (keine faktische Gleichberechtigung!) wohl noch einen Rest von „Speziesismus" vermuten. In Wahrheit aber spricht der evolutionäre Humanismus den Menschen nicht deshalb ethische Privilegien zu, *weil sie „Menschen" sind, sondern weil sie (zumindest in der Regel) „Personen" sind.*

Nur Personen sind sich ihrer eigenen Existenz bewusst. Sie leben nicht nur in der Gegenwart, sondern wissen um ihre Vergangenheit und entwickeln Wünsche für die Zukunft. Aufgrund ihres Ich-Bewusstseins verfügen Personen über ein echtes, bewusstes „Überlebensinteresse", das über den bloßen *Überlebensinstinkt* bzw. das *punktuelle Lebensinteresse* der allermeisten Tiere hinausgeht. Nur deshalb ist, um auf das Beispiel Singers zurückzukommen, das Schicksal einer krebskranken Maus nicht mit dem einer krebskranken menschlichen Person vergleichbar.

Indem wir das besondere Gewicht menschlicher Interessen vernünftigerweise *nicht an der Spezieszugehörigkeit, sondern an den besonderen Eigenschaften von Personen* festmachen, entgehen wir aber nicht nur dem Vorwurf des Speziesismus. Diese Grundsatzentscheidung zieht zahlreiche andere ethische Konsequenzen nach sich:

- *Erstens*: Möglicherweise müssten wir nicht nur Menschen als Personen einstufen, sondern (in abgeschwächter Weise) auch unsere nächsten biologischen Verwandten, die Schimpansen, Bonobos, Gorillas und Orang-Utans. Konsequenterweise forderten Peter Singer und Paola Cavalieri deshalb bereits in den 1990er Jahren „Menschenrechte für die großen Menschenaffen".[204]
- *Zweitens*: Es ist evident, dass nicht *alle menschlichen Lebensformen die Eigenschaften von Personen besitzen.* So verfügen Embryonen, Föten und Neugeborene keineswegs über ein Bewusstsein ihrer selbst. Ein ausgewachsenes Schwein beispielsweise ist von seinem Bewusstsein, seiner Erlebnisfähigkeit, jedem menschlichen Fötus weit überlegen. (Tragischerweise übersieht die konservative Fraktion der „Lebensschützer" aufgrund speziesistischer und religiös verbrämter Vorurteile allzu gerne, dass ihr Sonntagsbraten dereinst über höheres Bewusstsein verfügte als die Embryonen, deren Abtreibung sie als „Mord" beklagen.) Was bedeutet dies für die Ethik? Zwar besitzen Neugeborene und selbst

Kleinkinder bis zu einem bestimmten Reifungsgrad noch kein echtes, persönliches Überlebensinteresse, aus praktischen Erwägungen heraus ist es dennoch sinnvoll, ihnen ein *prinzipielles, unabwägbares Lebensrecht einzuräumen* – nicht nur, weil ihre Eltern sich sonst in ständiger Angst um ihren Nachwuchs befänden, sondern auch weil es äußerst schwierig ist, abzuschätzen, ab welchem Zeitpunkt das jeweilige Kleinkind zur Person wird. Wie bei der Volljährigkeit muss der Gesetzgeber hier eine *willkürliche Grenze* definieren, ab der dem Individuum bestimmte Rechte zugesprochen werden (und zwar losgelöst davon, ob die jeweilige Person tatsächlich den entsprechenden Reifegrad besitzt). Als sinnvolle Grenze, ab der dem Individuum das unhinterfragbare „Menschenrecht auf Leben" zugesprochen werden sollte, könnte sich, wie Norbert Hoerster darlegte,[205] die Geburt anbieten. Grund: *Vor* der Geburt hat kein menschliches Individuum ein echtes Überlebensinteresse, weshalb durch eine rechtliche Untersagung der Abtreibung *zu viel* verboten würde. *Nach* der Geburt aber entwickelt sich in den ersten zwei Lebensjahren ein echtes Überlebensinteresse, was bedeutet, dass eine etwaige Entkriminalisierung der Kindstötung *zu wenig* verbieten würde, da hierdurch Individuen in ihrer Existenz bedroht werden könnten, die sehr wohl dem fundamentalen ethischen Kriterium für ein „Menschenrecht auf Leben" genügen.

Als Peter Singer in den 80er und 90er Jahren mit ähnlichen Thesen an die Öffentlichkeit trat, war die Aufregung groß. Vor allem in Deutschland wurde eine Hetzjagd sondergleichen auf den australischen Philosophen veranstaltet. Verantwortlich dafür war in erster Linie eine gut geschmierte religiöse Propagandamaschine,[206] nachteilig wirkte sich aber auch der Umstand aus, dass Singer insgesamt doch recht idealistisch die ökonomischen Verwertungszusammenhänge ausblendete, in die er mit seiner Theorie vorstieß. Unter den gegebenen sozioökonomischen Bedingungen mussten viele Vertreter von Behindertenverbänden befürchten, dass Singers Argumentation nicht – wie intendiert – dazu genutzt würde, um die Rechte der *Tiere aufzuwerten, sondern um* die Rechte von *Menschen (insbesondere behinderter Menschen) abzuwerten.*[207]

Diese Befürchtungen wurden zusätzlich dadurch geschürt, dass Singer nicht nur das „Recht auf Leben" thematisierte, sondern auch das „Recht auf einen humanen Tod". Durch die Verklammerung der beiden Themen fiel es seinen weltanschaulichen Gegnern leicht, Assoziationen zu den „Euthanasieprogrammen" des „Dritten Reichs" zu wecken. Dass diese in Wirklichkeit natürlich alles andere als „Euthanasieprogramme" waren – Ziel der Nationalsozialisten war bekanntlich nicht der „gute, schöne, leichte Tod" (griechisch = euthanasía), sondern der systematische Massenmord an behinderten und psychisch kranken Menschen! –, ging in der allgemeinen Hysterie unter.

Um derartige Konfusionen zu vermeiden, soll hier unmissverständlich festgestellt werden, dass aus evolutionärhumanistischer Perspektive *jeder Mensch von Geburt an – und dies ungeachtet seiner geistigen Kapazitäten! – das uneingeschränkte Recht auf Leben (incl. der damit einhergehenden Menschenrechte) besitzt,* das nur in extremsten Sonderfällen (Notwehrprinzip, Tyrannenmord) in Frage gestellt werden darf. *Dieses unbedingte Recht zum Leben bedeutet jedoch keineswegs eine „unbedingte Verpflichtung zum Leben"*. Evolutionäre Humanisten treten entschieden für das *Selbstbestimmungsrecht des Menschen* ein, das als Ultima Ratio auch das *Recht auf Selbsttötung*, ja sogar das Recht auf entsprechende fremde Hilfen zur Gewährleistung eines möglichst schmerzfreien, vorangezogenen Todes miteinschließt, sofern ein Weiterleben für das Individuum nichts weiter als Qual bedeuten würde.[208] Wenn die großen Religionen den Menschen dieses Recht absprechen, so ist dies ein Akt der Gewalt, ein fundamentales Verbrechen an der Menschheit, das in der Summe möglicherweise größeres Elend noch verursachte (und auch heute noch verursacht!) als alle blutigen Glaubenskriege der Geschichte zusammengenommen!

Nach diesem kurzen, aber notwendigen Exkurs zu den innerhumanen Konsequenzen einer am Personenbegriff (nicht am Speziesismus!) orientierten Ethik, sei abschließend noch die Frage aufgeworfen, wie es gelingen könnte, einen ethisch angemessenen Umgang mit der nichtmenschlichen Natur in der Praxis zu verankern. Klar dürfte nach all dem bisher Gesagten sein, dass dies nur dann funktionieren kann, wenn *die Menschen ein eigennütziges Interesse entwickeln, sich auf tierethisch verantwortungsvollere Weise zu verhalten.* In diesem Zusammenhang sind drei Punkte von besonderer Bedeutung:

- *Erstens*: Wir müssen das Bewusstsein dafür stärken, dass umweltschädigendes Verhalten auch für uns selber mit enormen Beeinträchtigungen der Lebensqualität verbunden sein kann. Ein Teil der tierethisch bedenklichen Verhaltensweisen ließe sich also beheben, ohne hierfür tierethische Argumente überhaupt bemühen zu müssen. So ist die Massentierhaltung beispielsweise nicht nur mit tierethischen, sondern auch mit gravierenden ökologischen, medizinischen und sozialen Problemen verbunden. Würden wir die ökonomischen Spielregeln entsprechend verändern – siehe vorangegangenes Kapitel – könnte die „unsichtbare Hand des Marktes" so auch ausnahmsweise für die Tierwelt Positives bewirken.
- *Zweitens*: Tierschädigendes Verhalten sollte sich allein deshalb nicht mehr lohnen, weil die nicht-schädigenden Alternativen als attraktiver empfunden werden. Um dies zu erreichen, kann man sowohl die Kosten für das tierschädigende Verhalten erhöhen als auch den Nutzen der Alternativen optimieren. Letzteres zeigt bereits ohne Veränderung der Spielregeln auf vielen Gebieten Wir-

kung. So ziehen viele Wissenschaftler Computersimulationsmodelle mittlerweile den traditionellen Tierversuchen vor, weil diese schlichtweg effizienter sind. Konsumenten entdecken zunehmend, dass rein pflanzliche Kosmetik-Produkte, die ohne Tierversuche auskommen, angenehmer duften, dass Bio-Fleisch besser schmeckt als Industriemassenware, dass viele vegetarische Gerichte einfach leckerer und zudem gesünder sind als das traditionelle deutsche Fleisch+Beilage+Soße-Standardmenü etc.

- *Drittens*: Es ist entscheidend, dass es uns gelingt, unser Empathievermögen zumindest ansatzweise über die eigene Speziesgrenze hinaus auszudehnen. Wir müssen uns viel stärker dessen bewusst werden, dass Tiere keine „Dinge" sind, sondern dass sie (zumindest die höher entwickelten unter ihnen) *alle fundamentalen Grundemotionen mit uns teilen, dass sie Freude, Lust, Schmerz, Hass, Liebe, Trauer, Ekel kennen.* Nur wenn wir dies nachvollziehen können, werden wir das Mitgefühl aufbringen können, das notwendig ist, um den Eigennutz der Tiere in unseren eigenen integrieren zu können. Auch hier wäre eine entschlossene Aufklärungsbewegung vonnöten! Um das lange verdrängte Phänomen des *Bewussteins von Tieren* im *Bewusstsein der Menschen* zu etablieren, bedürfte es umfassender Bildungsprogramme. Vor allem im Biologie- und Ethikunterricht müsste dieses Thema weit größere Beachtung finden.

Wie der letzte Punkt zeigt, werden wir wohl nur dann zu einem verantwortungsbewussteren Umgang mit der nichtmenschlichen Natur finden, wenn wir bereit sind, die bestehenden Menschen- und Tierbilder grundlegend zu revidieren. Evolutionäre Humanisten lassen in diesem Zusammenhang keinen Zweifel daran aufkommen, dass sie den althergebrachten, „heiligen Mythos" von der gottgewollten Sonderstellung unserer Spezies in der Natur zu Fall bringen möchten. Sie halten eine solche tiefgreifende „Entzauberung des Menschen“ nicht nur für ethisch geboten, sondern auch für wissenschaftlich zwingend. Denn alle Hypothesen, auf die sich die Hybris von Homo sapiens früher stützen konnte (insbesondere der Körper-Geist-Dualismus, mit dessen Hilfe wir dachten, uns über die Natur erheben zu können) gelten mittlerweile als hinreichend widerlegt. Es ist überfällig, dass diese gut gesicherte Erkenntnis (wie so viele andere!) aus den Elfenbeintürmen der Wissenschaft in die Gesellschaft hinein getragen wird…

Leitkultur Humanismus und Aufklärung

Jenseits von Fundamentalismus und Beliebigkeit

Während konservative Politiker eine christlich-patriotische Leitkultur („Werte des christlichen Abendlandes") einklagen und mitunter gar zum Kulturkampf gegen „gott- und vaterlandslose Gesellen" aufrufen, träumen andere von der „multikulturellen (d. h. kulturell segmentierten) Gesellschaft" incl. einer „Einbürgerung des Islam". Doch weder die konservative Wiederbelebung der Idee einer „christlichen Festung Europa" noch die postmoderne Beschwichtigungspolitik gegenüber religiösen und esoterischen Strömungen werden das Projekt einer „offenen Gesellschaft" voranbringen.

Eigentlich sollte es einleuchtend sein, dass wir heute kaum eine andere Chance haben, als auf jene „verdrängte Leitkultur" zu setzen, mit der der gesellschaftliche Fortschritt in der Geschichte verknüpft war: die *Leitkultur von Humanismus und Aufklärung*. Doch von einer solchen Einsicht ist das politische Establishment meilenweit entfernt. Obgleich alle großen Errungenschaften der Moderne mit der Tradition der Aufklärung verbunden sind (technisches Know-how, Rechtsstaatlichkeit, Meinungsfreiheit etc.), ist sie auf weltanschaulichem Gebiet eine „Untergrundbewegung" geblieben. Die vielen Millionen Menschen, die sich von den etablierten Religionen bereits verabschiedet haben, sind sowohl in den Medien als auch in der Politik unsichtbar geblieben, während die beiden christlichen Großkirchen immer noch – trotz der verfassungsrechtlich garantierten Trennung von Staat und Kirche – jene ungeheuren Privilegien (Staatssubventionen in Milliardenhöhe, Präsenz in den Medien, Schulen und Universitäten etc.) genießen, die sie sich u. a. in der Nazizeit (Reichskonkordat!) auf höchst unredliche Weise gesichert haben.[209]

Wenn evolutionäre Humanisten für eine stärkere Berücksichtigung der *Leitkultur Humanismus und Aufklärung* eintreten, so geschieht dies aber nicht nur, um die ungerechtfertigten Machtansprüche der christlichen Großkonfessionen zurückzudrängen, sondern auch, um dem Problem einer zunehmenden „religiösen Gettoisierung" der Gesellschaft entgegenzuwirken. Multikulti-Illusionen haben lange Zeit den Blick dafür getrübt, dass sich in den westlichen Gesellschaft *religiöse Parallelgesellschaften* herausgebildet haben, die es darauf anlegen, selbst die fundamentalsten rechtstaatlichen Prinzipien zu negieren. (In diesem Zusammenhang ist u. a. auf den dogmatischen, evangelikalen Puritanismus russlanddeutscher Aussiedler hinzuweisen,[210] vor allem aber auf die zunehmenden islamistischen Abschottungstendenzen innerhalb der türkischen Migrantenszene.[211])

Um nicht in den Verdacht der Ausländerfeindlichkeit zu geraten, trauten sich gerade in Deutschland nur wenige Experten, auf die Gefahren eines fortschreitenden Fundamentalismus innerhalb der Migrantenfamilien hinzuweisen.[212] Wer sich als politisch progressiv verstand (und den „Gauweilers" der Republik keine zusätzliche Munition liefern wollte), pries lieber das „Abenteuer der kulturellen Vielfalt", die enorme Bereicherung durch das „Fremde" – und hatte damit zweifellos auch Recht. (Wer lebt schon gern „allein unter Deutschen"?! Zwei Wochen Pauschal-Urlaub auf Mallorca sollten jeden eines Besseren belehren…).

Allerdings: Im Zuge dieser einfältigen Vielfaltlobhudelei wurde sträflichst übersehen, dass man mit der türkischen Community nicht nur Kebab, Bauchtanz, orientalische

Musik, Kunst und Lyrik importierte, sondern auch die ideologischen Keimlinge einer Religion, die weit weniger als das europäische Christentum gezwungen war, durch die Dompteurschule der Aufklärung zu gehen, und sich deshalb auch keine zahmeren, menschenfreundlicheren Umgangsformen angewöhnen musste. *Wenn wir heute vor dem Scherbenhaufen einer völlig gescheiterten Integrationspolitik stehen, dann nicht zuletzt deshalb, weil die demokratiefeindlichen Potentiale der Religionen (hier: insbesondere des Islam!) maßlos unterschätzt wurden.*

Statt die Politik konsequent am aufklärerischen Leitbild des säkularen Staates auszurichten, war die Diskussion von zwei konträren Positionen geprägt, die als „ausländerpolitisches Kombipack" dafür sorgten, dass die Saat des Islamismus auf deutschem Boden hervorragend gedeihen konnte – ein wunderbares Beispiel für „deutsche Wertarbeit": Während der absurde Zwang zur Anpassung an eine „deutsche (christliche) Leitkultur" die Migrantenfamilien noch stärker in die kulturelle Isolation trieb, schuf die multikulturelle Beschwichtigungspolitik, die jede Form der grundlegenden Islamkritik als „Kulturimperialismus" missdeutete, die Freiräume für eine ungehemmte Islamisierung innerhalb der von westlichen Einflüssen weitgehend abgeschirmten Migrantenszene.[213]

Sämtliche Studien, die sich mit dem Thema eingehender beschäftigten, haben gezeigt, dass die optimistische Erwartung, dass sich die Menschen schon automatisch zu Demokraten entwickeln würden, wenn man ihnen rechtsstaatlich garantierte Grundrechte einräumt, hoffnungslos naiv war.[214] Es ist an der Zeit, aus dieser Erkenntnis die richtigen politischen Schlüsse zu ziehen. Das Erlassen von Gesetzen, die die Ausübung der Religionsfreiheit bzw. das Ausleben kultureller Traditionen dort rigoros begrenzen, wo sie mit rechtsstaatlichen Prinzipien kollidieren (Beispiel: Zwangsheirat), ist in diesem Kontext zwar ein *notwendiger*, aber noch kein *hinreichender* Schritt. Gerade im

Bildungsbereich müssten neue Wege gegangen werden. So wäre beispielsweise statt der „flächendeckenden Einführung des Islamunterrichts" eine flächendeckende Einführung eines für alle verbindlichen Werteunterrichts (ohne Abmeldemöglichkeit!) angesagt, denn ohne solche integrativen Maßnahmen, die für alle – selbstverständlich nicht nur für Menschen mit muslimischem Hintergrund! – zu gelten haben, wird das Phänomen der zunehmenden „kulturellen Gettoisierung" kaum zu überwinden sein.

Fest steht: Wenn Klein-Erna mit Segen des Staates von Vertretern der katholischen Kirche, Klein-Mehmet von Muslimen, Klein-Philipp von Zeugen Jehovas etc. fürs Leben geschult werden, so entsteht darüber keine *weltanschauliche Vielfalt*, sondern bloß *potenzierte Einfalt.* Mit der bisher gewählten Strategie, die schulische Vermittlung und Diskussion von Werten und Weltanschauungen ausgerechnet den religiösen Gemeinschaften zu überlassen, hat der Staat den Bock zum Gärtner gemacht. Dass unter dieser Voraussetzung das zarte Pflänzchen einer offenen Gesellschaft nicht gedeihen kann, sollte niemanden verwundern.

Insofern ist die 2005 getroffene Entscheidung des Berliner Senats, *einen für alle Schülerinnen und Schüler verbindlichen Werte- und Religionskundeunterricht* in den Lehrplan aufzunehmen, nur zu begrüßen. Offensichtlich haben die Verantwortlichen der Berliner Landespolitik den Mut gehabt, die richtigen Schlüsse aus den zunehmenden interkulturellen (Auseinandersetzungen zwischen türkischen und deutschen Jugendlichen) und innerkulturellen Konflikten (beispielsweise die Häufung sog. „Ehrenmorde" an türkischen Frauen) zu ziehen. Dass sie dafür von den Großkirchen und der Mehrheit des politischen Establishments in Deutschland Prügel beziehen würden, war kaum anders zu erwarten. Erstaunlich waren hingegen die Umfrageergebnisse, die zeigten, dass die Entscheidung des Berliner Senats bei der Mehrheit der Bevölkerung auf positive Resonanz stieß.[215] Insofern besteht vielleicht doch noch

Grund zur Hoffnung, dass irgendwann einmal auch die Politiker anderer Bundesländer einsehen werden, dass es notwendig ist, ein integratives, wissenschaftlich und philosophisch fundiertes Schulfach an die Stelle des herkömmlichen (mit Missionsbefehl ausgestatteten!) Konfessionsunterrichts zu setzen.

In der heftig geführten Debatte um den Berliner Werteunterricht wurde von Kritikern der Senatsentscheidung immer wieder ins Spiel gebracht, der zu „religiös-weltanschaulicher Neutralität" verpflichtete Staat habe kein Recht, selber aktiv Werte zu vermitteln. Dies müsse er, so wurde behauptet, den religiösen und weltanschaulichen Gemeinschaften überlassen. Was ist davon zu halten?

Zunächst einmal muss in diesem Zusammenhang festgestellt werden, dass die in der deutschen Verfassung verankerte (in der Praxis jedoch zugunsten der Großkirchen häufig missachtete!) weltanschauliche Neutralität des Staates *keineswegs als Verpflichtung zu staatlicher Wertindifferenz* gedeutet werden darf. Im Gegenteil! Das Gemeinwesen der Bürger beruht auf klar benennbaren Verfassungswerten, die als Minimalkonsens das Zusammenleben der Menschen regeln sollen (den Grundrechten, der Gewaltenteilung, der richterlichen Unabhängigkeit, dem Sozialstaatsprinzip, dem Schutz für Verfolgte, der Verantwortung für die Nachwelt, die natürlichen Lebensgrundlagen und die Tierwelt usw.). Diese Gesichtspunkte zusammengenommen ergeben, so der Jurist Gerhard Czermak, „die *Grundstruktur einer auf inhaltlichen Werten beruhenden Verfassungsordnung*, und diese bedingen ein einerseits in gewisser Weise spezifisches, andererseits pluralistisch-offenes 'Menschenbild' des GG [Grundgesetzes]. Selbstverständlich können und sollen die Erziehungseinrichtungen diese verfassungsrechtlichen Grundvorgaben, den notwendigen *Grundkonsens*, auch *als verbindlich vermitteln*, denn es geht um die Basis des friedlichen und gerechten

Zusammenlebens in der Gesellschaft. Mit *dieser* 'Doktrin' darf Schule also 'indoktrinieren'."[216]

Demnach darf der Staat sehr wohl aktiv Werte vermitteln, ja er ist sogar dazu verpflichtet, will er seine eigene Verfasstheit (und damit die Grundrechte der Bürger) gegen freiheitsfeindliche Angriffe schützen (Konzept der „wehrhaften Demokratie"). Nicht ohne Grund finden die in der Verfassung verankerten Freiheitsgarantien (u. a. Religionsfreiheit, Freiheit der Kunst, der Wissenschaft und der Meinungsbildung) dort ihre Grenzen, wo die Prinzipien der Verfassung sowie der untergeordneten Gesetzessammlungen verletzt werden. Der spanische Ministerpräsident Zapatero hat dies unlängst in deutlicher Weise auf den Punkt gebracht (man wünschte sich, sein mutiges Beispiel würde Schule machen): „Das gesellschaftliche Zusammenleben kann nur in einem laizistischen Staat funktionieren. Wenn Glaubensregeln sich in die Gesetze des Staates einmischen, ist Schluss mit der Bürgerfreiheit!"[217]

Das Prinzip der weltanschaulichen Neutralität des Staates (d. h. seine Verpflichtung zur Gleichbehandlung religiös-weltanschaulicher Gruppen) wird spätestens dort aufgehoben, wo religiös-weltanschauliche Gruppierungen im Widerspruch zu den ethischen Grundanforderungen der Verfassung stehen. Anders gewendet: Je eher eine religiöse oder weltanschauliche Gruppierung den Verfassungswerten entspricht, desto eher wird ihr die Verfasstheit des Staates als „weltanschaulich neutral" erscheinen, je weiter sie von den Verfassungswerten entfernt ist, desto eher wird sie diese als parteiliche (keineswegs neutrale!) Staatsideologie begreifen und notwendigerweise mit ihr kollidieren.

Neben dieser *ethischen Begrenzung der Weltanschauungsneutralität* ist (vor allem) im Bildungsbereich ein weiterer Aspekt zu beachten, der zwar in der Debatte regelmäßig übersehen wird, in der Praxis aber von großer Bedeutung ist: Die Lernziele und Lehrpläne der Schulen werden nicht nur vom Ethos der Verfassung beeinflusst, sondern vor allem vom *Forschungsstand der jeweiligen Fachdisziplinen.* Lehrpläne, Schulbücher etc. müssen *wissenschaftlichen Wahrheitswerten* genügen. Aussagen, die logischer/empirischer Überprüfung nicht standhalten können, haben im Curriculum der öffentlichen Schulen nichts verloren. Nur deshalb kann ein Kreationist nicht einklagen, dass die Schöpfungslehre im Biologieunterricht behandelt werden sollte. Selbstverständlich verhalten sich die Länder, die für Bildung hauptsächlich verantwortlich sind, keineswegs „weltanschaulich neutral“, wenn sie die Evolutionstheorie als ernst zu nehmenden Ansatz privilegieren und Intelligent Design-Theorien ausblenden (bzw. allenfalls kritisch berücksichtigen). Würden sie hinreichend widerlegte Ansichten nur aus dem Grund in den Lehrplan aufnehmen, weil bestimmte Gruppen dies ansonsten als „Diskriminierung“ betrachten würden, so hätte dies eine schwerwiegende Aushöhlung des Bildungsbegriffs zur Folge. *Die unkritische Vermittlung von Behauptungen, die erwiesenermaßen falsch sind, ist nämlich gerade das Gegenteil von Bildung, ist „Verbildung“, ist Manipulation – auch wenn bestimmte Gruppen sich durch die fehlende Berücksichtigung ihrer weltanschaulichen Irrtümer benachteiligt fühlen mögen.*

Halten wir fest: Zwar ist die „weltanschauliche Neutralität“ des Staates ein zentrales Verfassungsgut, da nur ein Staat, der seinen Bürgern nicht in umfassendem Sinne vorschreibt, was sie zu denken oder zu glauben haben, bürgerliche Freiheiten (vor allem auch die positive und negative Religionsfreiheit) gewährleisten kann. Und doch ist das Prinzip der weltanschaulichen Neutralität des Staates über weite Strecken bloße Fiktion. Die weltanschauliche Neutralität nämlich ist, wie wir gesehen haben, notwendigerweise zweifach beschränkt…

- *erstens* durch die *ethischen Prinzipien der Verfassung* (wenn eine religiöse Gruppierung gegen die Gleichberechtigung von Mann und Frau, z. B. Zwangsheirat, oder aber gegen den Schutz der Tierwelt, z. B. Schächten, verstößt, kann und darf der Staat sich dazu nicht neutral verhalten);

- *zweitens* durch die *Verpflichtung des Staates und der Länder zur Förderung seriöser Bildung*, die sich nach soliden wissenschaftlichen Wahrheitskriterien richten muss und nicht nach den Partikularinteressen bestimmter religiös-weltanschaulicher Gruppierungen (Beispiel: Wenn eine religiöse Gruppe gegen den Sexualkundeunterricht agitiert oder homosexuelle Handlungen als „unnatürlich" dargestellt wissen will, so können sich Staat und Länder als Träger oder Aufsichtsagenturen der Bildung hierzu nicht neutral verhalten, denn *zum einen* wird ohne gründliche Erörterung des Themas Sexualität weder das menschliche Verhalten noch die Evolution des Lebendigen als Ganzes verständlich, *zum anderen* finden sich homosexuelle Verhaltensweisen[218] erwiesenermaßen im gesamten Tierreich).

Das heißt: *„Weltanschaulich neutral" kann sich der Staat nur dort verhalten, wo weder die humanistischen, auf den Menschenrechten beruhenden ethischen Prinzipien des Grundgesetzes noch die Seriosität des Bildungsauftrags auf dem Spiel stehen.* Anders formuliert: Das Prinzip der weltanschaulichen Neutralität steht und fällt mit der Akzeptanz jener Leitkultur, auf der jeder moderne Rechtsstaat gründen muss. Diese Leitkultur ist weder national noch religiös geprägt, sondern international verankert und im Kern säkular ausgerichtet (ohne dadurch die Religionsfreiheit unzulässig einzuschränken). Es handelt sich hierbei um jene leidlich verdrängte, aber doch im Hintergrund ungeheuer wirkmächtige *Leitkultur von Humanismus und Aufklärung* – eine Leitkultur, die heutzutage viel stärkere Beachtung finden sollte, da sie allein in der Lage ist, jenen zeitgemäßen Grundkonsens zu definieren, auf dem sich ein fruchtbarer gesellschaftlicher Pluralismus überhaupt entfalten kann.

Wer von der *Leitkultur Humanismus und Aufklärung* ausgeht, für den ist Religion Privatsache. Es sollte klar sein, dass jeder Mensch glauben darf, was er will, *schließlich sind die Gedanken frei – auch frei zur Unvernunft.* Wer auch heute noch hinreichend widerlegten, archaischen Mythen Glauben schenken möchte, darf dies selbstverständlich tun. Nur sollte dies im 21. Jahrhundert keine Auswirkungen mehr auf die Politik haben. In der *öffentlichen politischen Diskussion* müssen *notwendigerweise weltliche Standards* gelten – und zwar (in ethischer Hinsicht) *die humanistische Orientierung an den Selbstbestimmungsrechten des Menschen* sowie (in methodischer Hinsicht) *die aufklärerische Orientierung an den Idealen der intellektuellen Redlichkeit*, wonach Behauptungen logisch / empirisch belegt sein müssen, damit sie von Relevanz sein können.

Selbstverständlich wäre die *freie Religionsausübung* (und sollte sie noch so absurde Formen annehmen!) auch aus humanistisch-aufklärerischer Perspektive weiterhin als *wichtiges Verfassungsgut zu schützen* (zumindest sofern sie sich bezüglich ihrer weltlichen Konsequenzen im Verfassungsrahmen bewegt). Die staatliche *Förderung der Religionen* jedoch sollte gegenüber der heute üblichen Praxis deutlich zurückgenommen werden. Es ist schlichtweg unzumutbar, dass die Großkirchen (neben der Kirchensteuer) immer noch Jahr für Jahr öffentliche Subventionen in zweistelliger Milliardenhöhe kassieren, was u. a. zur Folge hat, dass Kirchenfürsten wie der Kölner Kardinal Meisner, der mit seinen Hasstiraden gegen die Selbstbestimmungsrechte der Menschen die Arbeitsgrundlage der Verfassung torpediert, ihr Monatsgehalt von rund 11.000 Euro aus dem allgemeinen Steuertopf (also finanziert auch von Konfessionslosen und Andersgläubigen) erhalten.

Der in Deutschland in besonderem Maße hinkenden Trennung von Staat und Kirche müssen dringend Beine gemacht werden. Dies wäre keineswegs nur Ausdruck der geforderten *weltanschaulichen Neutralität*, sondern vielmehr auch der *weltanschaulichen Positionierung des modernen Rechtsstaates*, dessen Profil aus der Orientierung an den säkularen Idealen von Humanismus und Aufklärung erwächst. Der Staat sollte deshalb auch ein Interesse daran haben, diese Ideale bewusst zu fördern, was u. a. mit den folgenden Konsequenzen verbunden sein sollte...

- der Umwandlung der staatlich finanzierten, aber kirchlicher Kontrolle unterworfenen Theologischen Fakultäten in gut ausgestattete freie *Religionswissenschaftlich-Philosophische Institute*;
- der Einführung eines integrativen philosophisch-religionswissenschaftlichen Werte-Unterrichts für *alle* Schüler in *allen* Bundesländern anstelle des konfessionell gebundenen Religionsunterrichts (hierzu wäre allerdings eine Verfassungsänderung notwendig);
- die Besetzung von Rundfunk-, Ethikräten etc. mit Experten, die sich tatsächlich der *Leitkultur von Humanismus und Aufklärung* verpflichtet fühlen, anstatt irgendwelche weltanschaulich-religiöse Partikularinteressen zu bedienen;
- die Aufhebung des *besonderen Tendenzschutzes* religiöser Betriebe (es ist nicht hinzunehmen, dass Menschen, die von ihrem Recht Gebrauch machen, sich nach einer Scheidung wiederzuverheiraten, deshalb ihre Arbeitsstelle verlieren können);
- die entschiedene *Förderung säkularer Träger* im Sozial- und Gesundheitssektor (dass ein Großteil der Menschen in Notsituationen ausgerechnet auf die Hilfe religiöser Institutionen angewiesen ist, stellt einen bislang kaum ausreichend thematisierten *sozialpolitischen Skandal* dar).[219]

Selbstverständlich: Derartige Reformen lassen sich in einer Demokratie nur durchsetzen, wenn sich Bevölkerungsmehrheiten dafür gewinnen lassen. Glücklicherweise jedoch waren die Bedingungen hierfür nie so günstig wie heute. Da die entscheidenden Fakten in diesem Zusammenhang bislang sowohl von der Politik als auch von den Medien sträflichst ignoriert wurden, mag es interessant sein, einige dieser verdrängten empirischen Erkenntnisse hier kurz anzuführen:

- Die Gruppe der *Konfessionslosen* ist mittlerweile (Stand 2003, Tendenz steigend!) die *größte gesellschaftliche Gruppierung in Deutschland* mit einem Bevölkerungsanteil von 31,8 Prozent, gefolgt von den Katholiken und Protestanten mit jeweils 31,3 Prozent.[220]
- *Grundlegende Konzepte des Christentums spielen selbst für Kirchenmitglieder keine Rolle mehr.* Laut einer repräsentativen Studie von *Allbus* (2002) glauben deutschlandweit nur noch 35,5 Prozent der katholischen und 23,3 Prozent der evangelischen Kirchenmitglieder an einen *persönlichen Gott* (immerhin eine der Grundbedingungen dafür, um sich überhaupt redlicherweise als Christ bezeichnen zu können!). Auf die Gesamtbevölkerung bezogen ist der Glaube an einen persönlichen Gott auf 31 Prozent zurückgefallen (24,1 Prozent Christen und 6,9 Prozent Angehörige nichtchristlicher Religionen). In der gleichen Studie gaben nicht nur 86,9 Prozent der Konfessionslosen, sondern interessanterweise auch 47,9 der Protestanten und 29,6 der Katholiken an, sie würden der Aussage „Meine Weltanschauung folgt keiner religiösen Lehre“ voll oder eher zustimmen.
- *Insgesamt wird die Bedeutung der Religion sowie religiöser Institutionen weit skeptischer eingeschätzt als je zuvor.* Nach einer Umfrage des *Emnid*-Instituts von 2005 gehen nur noch 37 Prozent der Deutschen davon aus, dass Religion notwendig sei, um unterscheiden zu können, was richtig und was falsch ist. 61 Prozent der Deutschen geben laut der Studie zudem an, Kirchen oder religiöse Gemeinschaften könnten nicht über Glaubensinhalte entscheiden. Für diese Aussage gab es ab-

solute Mehrheiten in allen befragten Gruppen – bei Gläubigen wie Nichtgläubigen, Menschen in Ost und West, Männer und Frauen ebenso wie Protestanten und Katholiken.

Führt man sich vor Augen, wie rasant der Prozess der Entchristlichung vonstatten gegangen ist (1970 gab es hierzulande nur 3,9 Prozent Konfessionslose, 1987 waren es 11,4 Prozent, 1990 – nach dem Anschluss Ostdeutschlands – 22,4 Prozent, 2003 31,8 Prozent), so ist es, sofern sich dieser Trend fortsetzt, nur eine Frage der Zeit, bis die beiden Großkirchen nach dem Verlust ihrer weltanschaulichen Prägekraft auch die Majorität bezüglich der Mitgliedszahlen verlieren (etwa 2020 dürften die Konfessionslosen die Bevölkerungsmehrheit in Deutschland stellen). Dieser Prozess ist umso beachtlicher, als dass in den öffentlichen Medien hemmungslos Religionspropaganda gemacht wird (häufig auch unter redaktioneller Federführung der Kirchen), während religionskritische Positionen immer noch weitgehend verdrängt werden.[221] Man muss davon ausgehen, dass die Lage der Großkirchen wahrscheinlich noch verheerender aussehen würde, wenn den Vertretern einer humanistischen Aufklärung auch nur annähernd die gleichen Senderechte eingeräumt würden wie den Großkirchen.

Evolutionäre Humanisten sind ausgehend von diesen sozialwissenschaftlichen Daten überzeugt, dass es gelingen könnte, die in der Verfasstheit des modernen Rechtsstaats bereits enthaltene *Leitkultur Humanismus und Aufklärung* noch stärker in der Gesellschaft zu verankern. Zusätzlich bestärkt sie das Wissen, dass für die gesellschaftliche Durchsetzung von Humanismus und Aufklärung nicht nur die besseren theoretischen Argumente sprechen, sondern auch die praktische Tatsache, dass diese Leitkultur effektiver als jede Alternative (incl. der „Leitkultur der Leitkulturlosigkeit") in der Lage ist, die unterschiedlichen eigennützigen Interessen der Individuen zu berücksichtigen. Schließlich setzt der Humanismus an den realen sinnlichen

Bedürfnissen der Menschen an (und nicht an übersinnlich herbeigeträumten Moralkorsetts), wodurch er dem Individuum größtmögliche Freiheit geben kann, seine subjektiven Vorstellungen „von gutem Leben" in die Realität umzusetzen.

„Jeder Jeck ist anders!", heißt es im (kölschen) Volksmund. Daran will der aufklärerische Humanismus gewiss nichts ändern. Im Gegenteil, er erkennt gerade in der Unterschiedlichkeit der Menschen, in ihren verschiedenen Talenten, Neigungen, Wünschen, Lebensstilen eine wertvolle Ressource für das gesellschaftliche Zusammenleben. *Vielfalt bereichert – allerdings gilt dies nur, wenn sich diese Vielfalt in einem humanen Rahmen bewegt.* Deshalb bedeutet das Plädoyer für eine humanistisch-aufklärerische Leitkultur vor allem Eines: *die Verständigung auf einen gesellschaftlichen Minimalkonsens.* Eine wie auch immer geartete Gleichschaltung der Gesellschaft auf bestimmte Moral- oder Ästhetikstandards liegt dem evolutionären Humanismus fern. Er überlässt den Menschen die volle Souveränität über die Entwicklung und Gestaltung ihrer eigenen Lebensentwürfe. Sein Augenmerk liegt allein darauf, dass die Spielregeln, die dem gesellschaftlichen Miteinander zugrunde liegen, für alle Betroffenen *fair* sind und dass sie sich der Erfordernis einer *rationalen Überprüfung* (und gegebenenfalls Veränderung) nicht entziehen.

Eben deshalb bekämpfen evolutionäre Humanisten ganz entschieden die von vielen religiösen Gruppen benutzte Strategie der „Kritikimmunisierung" (Hans Albert): *Dass sich bestimmte Personen oder Personengruppen durch das Aufstellen „heiliger" (d. h. unantastbarer) Spielregeln jeglichem kritischen Zugriff entziehen und dadurch eigene Denkfehler als verbindlich in die Zukunft fortschreiben, kann und darf in einer modernen Gesellschaft keine akzeptable Praxis mehr sein!*[222]

Wer für die *Leitkultur Humanismus und Aufklärung* eintritt, beschreitet einen Weg *jenseits von Fundamentalis-*

mus und Beliebigkeit. Diese Leitkultur vermittelt (im Unterschied zum Paradigma der postmodernen Beliebigkeit) *einerseits genügend Orientierung*, um den Menschen in ihrer Suche nach Sinn Halt zu geben und ihr Zusammenleben nach vernünftigen Regeln zu gestalten, *andererseits* ist sie aber (im Unterschied zum religiösen oder politisch-ideologischen Dogmatismus) gleichzeitig *offen genug*, um die Menschen in ihrer Souveränität nicht unzulässig einzuschränken. Humanismus und Aufklärung zielen also keineswegs auf eine „triste Monokultur" ab, sondern vielmehr auf die Entwicklung einer lebendigen, einheitlich humanen und doch vielfältigen Weltkultur, in der sich a) viele verschiedene Lebensentwürfe realisieren lassen, jedoch b) strukturell verhindert wird, dass das Glück der Einen (allzu sehr) auf dem Unglück der Anderen gründet.

Ein Tier, so klug und freundlich

Warum es doch ein „richtiges Leben im falschen“ gibt

Die größte intellektuelle und emotionale Herausforderung für jeden, der sich ernsthaft mit dem Menschen und seiner Geschichte beschäftigt, besteht darin, der Versuchung nicht zu erliegen, Zyniker zu werden. Angesichts all der Gräueltaten, der Ausbeutung, Folter, Ermordung von Abermillionen von Menschen, angesichts der perversen Phantasie der Täter, die mitunter soweit gingen, Eltern dazu zu zwingen, die rituell vollzogene Abschlachtung ihrer eigenen Kinder zu verfolgen, angesichts all dieser atemberaubenden Brutalität und Dummheit mag es naheliegend erscheinen, den Abgesang auf unsere unglückliche und offensichtlich meist von allen guten Geistern verlassene Spezies zu singen. Macht es wirklich Sinn, dieses schrecklich wiederkehrende Spiel von Elend, Angst und Unterdrückung fortzusetzen? Hat die „Bestie Mensch“, die nicht nur innerhalb der eigenen Spezies wütete, sondern auch unzähligen anderen Tieren das Leben zur Hölle machte, überhaupt etwas Besseres verdient, als endlich unterzugehen?

Ja, sie hat es! Denn die Menschheit brachte nicht nur willfährige Schlächter hervor, sondern auch jene, die sich diesen mit aufrechtem Gang widersetzten. In der Geschichte regierten keineswegs nur Hass und Intrige, immer auch gab es Oasen der Schönheit, Liebe und Freundlichkeit. Viele Menschen führten ein einfaches, bescheidenes Leben jenseits der Schlachtfelder, waren hilfsbereit, sorgten liebevoll für ihre Kinder und taten keiner Fliege etwas zuleide.

Während diese „unbekannten Menschenfreunde“, die im Verborgenen Positiveres für die Menschheit bewirkten als alle umjubelten Könige und Kaiser zusammengenommen, anonym blieben, stehen andere glücklicherweise noch heute im Scheinwerferlicht des Interesses – nicht, weil sie über Herrschaftsmacht verfügten, sondern weil sie ganz allein oder in kleinen Teams der Menschheit die wunderbarsten kulturellen Schätze vermachten, die sie besitzt: *die großen Werke der Kunst, Wissenschaft und Philosophie*.

Allein schon die „Brandenburgischen Konzerte“ Bachs strafen all jene Lüge, die von der „unsensiblen Bestie Mensch“ sprechen. So subjektiv verständlich die Neigung zum Zynismus auch sein mag: Zyniker leiden unter einer tiefgreifenden Wahrnehmungsstörung, bei der all die großartigen schöpferischen Leistungen des Menschen, aber auch die kleinen Freuden des Alltags unzulässig ausgeblendet werden.

Selbstverständlich wissen wir nicht, ob sich die *Leitkultur Humanismus und Aufklärung* jemals im kulturellen Kampf wird durchsetzen können. Zwar besitzt der Mensch das Potential, ein außerordentlich kluges, einfühlsames und freundliches Tier zu sein.[223] Er ist in der Lage, seine Ellenbogen nicht nur dazu einzusetzen, um sich gegen Konkurrenten durchzusetzen, sondern auch, um den Arm dem Hilfesuchenden entgegenzustrecken. Seine Empathiefähigkeit lässt ihn nicht nur Intrigen spinnen, sondern auch danach trachten, das Leiden in der Welt zu mindern. Doch bislang wütete in unseren Köpfen meist eine Übermacht blutrünstiger kultureller Muster (Meme), die zuverlässig das bittere Gegenteil davon zu Tage förderten. Dass sich an diesem bedauerlichen Zustand etwas wesentlich ändern wird, ist zwar nicht völlig ausgeschlossen, allerdings auch nicht sonderlich wahrscheinlich.

Wenn evolutionäre Humanisten den schmalen Grat zwischen naiver Blauäugigkeit und blankem Zynismus meistern wollen, so müssen sie sich illusionslos, aber unverzagt, den Fakten stellen – und das heißt u. a., dass sie das alles andere als unwahrscheinliche Scheitern ihrer Bemühungen von vornherein einkalkulieren müssen. Insofern ist Humanismus heute nur noch als eine *Philosophie des Trotzdem* denkbar. Wir dürfen die kulturellen wie biologischen Widerstände, die das humanistische Projekt bedrohen, weder ignorieren noch zum Anlass nehmen, den Kampf für bessere Lebensverhältnisse aufzugeben. Deshalb sollten wir uns möglichst bald mit der unbequemen, paradoxen Leitmaxime anfreunden, die der evolutionäre Humanismus uns abverlangt, nämlich: *mit dem Schlimmsten zu rechnen und auf das Beste zu hoffen...*

Allerdings: Um das Schlimmste verhindern zu können, reicht es nicht aus, *nur* auf das Beste *zu hoffen*. Das seit Jahrtausenden von mutigen Menschen vorangetriebene Projekt der Aufklärung verlangt uns Heutigen vor allem Eines ab: *kämpferischen Einsatz* – etwas, was wir gerne Fußballspielern anempfehlen, was aber im Bereich des rationalen Diskurses rar geworden ist.[224]

Gerade diejenigen, die das Privileg genießen, sich mit den großen Schätzen der Menschheit, nämlich Wissenschaft, Philosophie und Kunst zu beschäftigen, sind aufgerufen, endlich aus ihren Elfenbeintürmen herauszutreten und öffentlich Farbe zu bekennen![225] Sie müssen den Mut aufbringen, begründete Positionen auch dann noch zu vertreten, wenn sie dem herrschenden Zeit(un)geist widersprechen! Für den Aufklärer muss 2+2=4 bleiben – selbst wenn eine Mehrheit die Gleichung 2+2=22 ästhetisch adretter finden sollte. Und er muss in dieser Hinsicht hartnäckig bleiben, denn schließlich ist absehbar, dass reale wie kulturelle Brücken, die aus Opportunitätsgründen nach der Formel 2+2=22 gebaut werden, irgendwann notwendigerweise in sich zusammenbrechen müssen, auch wenn der gesellschaftliche Konsens dies im Vorfeld nicht wahrhaben will.

Gewiss: Dies ist leichter gesagt als getan. Aufklärer zählen nicht unbedingt zu den besonders beliebten Mitgliedern unserer Spezies (sie werden – wenn überhaupt – erst posthum dazu erklärt). Zu Lebzeiten gelten sie oftmals als schlimmes Ärgernis, decken sie doch unbequeme Missstände auf, die viele gerne unbeobachtet im Dunkeln belassen würden.[226] Insofern ist es durchaus verständlich, dass sich mancher Gelehrter entscheidet, sein Leben als *abgeklärter Opportunist* und nicht als *aufgeklärter Freigeist* zu durchschreiten. Der Freigeist wird schnell zum „Freiwild", während sich der Vertreter der Beliebigkeit angenehmer Beliebtheit erfreuen kann. Auch deshalb ist Aufklärung „out" und Abklärung „in".

Dieser Prozess der intellektuellen Schweigespirale muss jedoch dringend durchbrochen werden! Je mehr Wissenschaftler, Künstler, Philosophen zusammenfinden und öffentlich ihr Engagement für Humanismus und Aufklärung bekennen, je klarer sie artikulieren, dass sie sich mit einer bloß „halbierten Aufklärung", dem Nebeneinander von höchstem technischem Know-how und archaischem Mythos, nicht zufrieden geben, desto leichter wird es auch den bisher Unentschlossenen fallen, die eigene weltanschauliche Lauheit zu überwinden. Es ist von großer Notwendigkeit, dass wir alles daran setzen, endlich den Zustand der „kritischen Masse" zu erreichen, der zu einem Umkippen des weltanschaulich-ethischen Systems beitragen kann. (In einzelnen kulturellen Segmenten ist diese „kritische Masse" offensichtlich schon erreicht. So berichtete die britische Fachzeitschrift *Nature* im Juli 1998, dass 93 Prozent [!] der amerikanischen Spitzenwissenschaftler [Mitglieder der *National Academy of Sciences*] zur Gruppe der „Religionsfreien" gezählt werden müssen, was angesichts der Bedeutung religiöser Deutungsmuster in der amerikanischen Gesellschaft für eine *hohe Korrelation von wissenschaftlichem und religionskritischem Denken* spricht.[227]

Damit sind wir an einem entscheidenden Punkt der Argumentation angelangt, einem Punkt, den Theodor W.

Adorno in seinem grenzenlos pessimistischen Werk *Minima Moralia* zwar bestritt,[228] der aber gerade heute von Humanisten und Aufklärern breit kommuniziert werden sollte: *Es gibt sehr wohl ein richtiges Leben im falschen!* Es macht sehr wohl einen Unterschied, ob man sich für eine Erweiterung menschlicher Selbstbestimmungsrechte, für mehr Chancengleichheit, für mehr Tierschutz etc. einsetzt, oder ob man auf der Seite der Reaktion steht. Wäre ein richtiges Leben im falschen tatsächlich nicht möglich, könnte man kaum auf eine Veränderung der Welt hoffen. Der Sozialphilosoph und -psychologe Erich Fromm sah auch in *diesem* Punkt weiter als sein kritisch-theoretischer Weggefährte Adorno. „Nur die Idee, die 'Fleisch wird', kann einen Einfluss auf den Menschen ausüben", schrieb Fromm in *Jenseits der Illusionen*, „die Idee, die ein Wort bleibt, kann nur Worte ändern".[229]

Peter Singer brachte in seinem Buch *Wie sollen wir leben?* den Gedanken des „richtigen Lebens im falschen" folgendermaßen auf den Punkt: „Es gab eine richtige Seite im Kampf gegen die Sklaverei. Es gab eine richtige Seite im Kampf der Arbeiter um das Recht auf gewerkschaftliche Organisation, um Begrenzung der Arbeitszeit und Minimalforderungen an die Arbeitsbedingungen. (Niemand möchte zu den Zeiten zurück, als Kinder 12 Stunden am Tag in stickigen Fabriken oder in Kohlebergwerken arbeiteten.) Es gab eine richtige Seite in dem langen Kampf der Frauen um das Stimmrecht, das Recht auf Zulassung zum Studium auf Universitäten und das Recht auf eigenen Besitz in der Ehe. Es gab eine richtige Seite im Kampf gegen Hitler. Es gab eine richtige Seite, als Martin Luther King Demonstrationen dafür anführte, dass Afro-Amerikaner neben weißen Amerikanern in Bussen und Restaurants sitzen konnten. Heute gibt es eine richtige Seite in den Fragen der Hilfe für die ärmsten Menschen in den Entwicklungsländern, der friedlichen Lösung von Konflikten, der Ausdehnung unserer Ethik über unsere eigene Art hinaus und des Schutzes unserer globalen Umwelt."[230]

Erstaunlicherweise zeigt sich, dass „diese richtige Seite", von der Singer schreibt, zugleich auch die individuell befriedigendere Seite ist. Personen, die dazu bereit sind, an dem uralten Emanzipationskampf unserer Spezies teilzunehmen, handeln nicht nur ethisch verantwortlicher, sondern auch aus einer rein eigennützigen, individuellen Perspektive klüger. Anders als viele ihrer Zeitgenossen verspüren sie kaum den Drang, durch massenhaften Konsum notdürftig jene Löcher zu stopfen, die die moderne Geschäftswelt in ihre Seelen gerissen hat. Sie kommen auch nicht in die Verlegenheit, ihren Urlaub mit dem Ferienplan ihres Psychoanalytikers abzustimmen, um große Sinnkrisen zu vermeiden, müssen nicht nach teuren Statussymbolen trachten, um ihr armes kleines Ego aufzublasen. Der Grund hierfür ist einfach: *Wer sein Leben als Emanzipationsprojekt betrachtet, wer die kognitive und emotionale Begrenzung auf ein bloß privates Sinnuniversum sprengt und sein Leben (zumindest zeitweilig) in den Dienst einer größeren Sache stellt, der verfolgt ganz nebenbei eines der besten Rezepte, die es für eine sinnerfüllte Existenz überhaupt gibt.*

Personen, die dies tun, lernen nicht nur interessante andere Menschen kennen, sie profitieren vor allem von dem Gefühl, dass sie nicht *umsonst leben* und auch nicht *umsonst gelebt haben werden.* An die Stelle der isolierten Individualität tritt das Bewusstsein, dass man Teil ist der großen Tradition derer, „die auf das Ausmaß von Schmerzen und Leid in der Welt damit reagiert haben, dass sie versuchten, die Welt zu einem besseren Ort zu machen".[231] Es scheint in der Tat so zu sein, dass (unter halbwegs gesicherten Verhältnissen!), *die größte Verwirklichung unseres Eigennutzes in der Ausdehnung desselben auf Andere liegt.* Um es mit den Worten des 17-jährigen Abiturienten Karl Marx auszudrücken: „Die Erfahrung preist den als den Glücklichsten, der die meisten glücklich gemacht..."[232]

Wohl dem, der eine große Aufgabe vor sich hat, von deren Lösung er sich nicht nur für sich selber einen Nutzen verspricht! Ganz allgemein könnte man unsere Hauptaufgabe für die kommenden Jahre folgendermaßen formulieren: Die Menschheit hat in der Vergangenheit alles versucht, um in jeglicher Hinsicht *zu wachsen* (an Köpfen, an Macht, an Ressourcenverbrauch etc.), nun ist es an der Zeit, dass sie endlich auch damit beginnt, *erwachsen zu werden.*

Wir können es uns nicht mehr leisten, mit der weltanschaulichen Mentalität von Fünfjährigen die Geschicke der Welt zu lenken. Wer das Atom spalten kann und über Satelliten kommuniziert, muss hierfür auch die erforderliche intellektuelle und emotionale Reife besitzen. Diese zeichnet sich u. a. dadurch aus, dass man in der Lage ist, falsche Ideen („2+2=22") sterben zu lassen, bevor Menschen für falsche Ideen sterben müssen. So etwas kann nur bei klarem, wachem Verstand funktionieren. Deshalb ist es unverzichtbar, dass wir all die lebensfeindlichen, kindlich-naiven Mythen über Bord werfen, die die bisherige Geschichte zu einem wahren Gruselstück verkommen ließen.

Gewiss: Diejenigen, die einen kritisch-rationalen Umgang mit den Problemen des Lebens[233] nicht erlernt haben, werden selbst die absurdesten Irrtümer noch verteidigen, als ginge es um die nackte Existenz. Man sollte sich davon nicht einschüchtern lassen. Wenn Gläubige emphatisch von ihren „verletzten religiösen Gefühlen" sprechen, so kann und darf das nicht bedeuten, dass die kritische Vernunft zu schweigen habe. Im Gegenteil! Wer auf „verletzbare religiöse Gefühle" Rücksicht nimmt, zementiert damit nur die weltanschauliche Borniertheit, die sich hinter der Rede von den angeblich schützenswerten „religiösen Gefühlen" verbirgt.

Es wird sicherlich keine ungefährliche und auch keine leicht lösbare Aufgabe sein, den religiös indoktrinierten bzw. zu konsumistischer Beliebigkeit gedrillten Massen (und „Eliten"!) *auch nur die Minimalanforderungen von kritischer Vernunft und humaner Ethik näher zu bringen.* Aber gerade in der Schwierigkeit dieser Aufgabe liegt auch ein Teil ihres Reizes. Wie heißt es doch bei Camus? „Der Kampf gegen Gipfel vermag ein Menschenherz auszufüllen. Wir müssen uns Sisyphos als einen glücklichen Menschen vorstellen.“[234]

Das Glück des modernen Sisyphos liegt aber nicht nur in der Schwierigkeit seiner Aufgabe, nicht nur im Kampf gegen Gipfel, sondern vor allem auch im *positiven Gehalt der Weltanschauung,* die er vertritt und mit Leben füllt. Denn, wie wir bereits festgestellt haben: Evolutionäre Humanisten vertreten keine magenbittere, sondern eine durchweg „frohe Botschaft“ – eine Botschaft, die die Alternativbemühungen der „religiösen Konkurrenz“ weit in den Schatten stellt. Die Gründe hierfür sind offensichtlich:

- *Erstens* vermittelt die „frohe Botschaft des evolutionären Humanismus“ einen Sinn, der tatsächlich *sinnlich erfahrbar ist* – und nicht *übersinnlich* herbei geträumt werden muss;
- *zweitens* steht sie im Einklang mit dem besten Erkenntnissystem, das die Menschheit in ihrer Geschichte entwickelt hat: der *Wissenschaft*, und
- *drittens* ist sie in der Lage, die wichtigen ethischen Debatten unserer Zeit von jenem krankmachenden *moralisierenden Ballast zu befreien, der in der Vergangenheit allzu häufig die Sicht auf die wahren Konfliktlinien verstellte.*

Dies alles zusammengenommen verspricht eine „neue Leichtigkeit des Seins“, eine Existenzweise, in der nicht die vermeintlich übersinnlich garantierte „Jenseitswahrheit“, sondern die sinnlich erfahrbare „Diesseitsqualität“ im Vordergrund steht. Die Quintessenz dieser Weltsicht hat wohl niemand besser in Worte gefasst als Heinrich Heine, der vor etwa 150 Jahren dem christlichen „Eiapopeia vom Himmel“ ein „neues, besseres Lied“ gegenüberstellte:

Es wächst hienieden Brot genug
Für alle Menschenkinder,
Auch Rosen und Myrten, Schönheit und Lust,
Und Zuckererbsen nicht minder.

Ja, Zuckererbsen für jedermann,
Sobald die Schoten platzen!
Den Himmel überlassen wir
Den Engeln und den Spatzen.[235]

Schöner lässt sich die „frohe Botschaft" des evolutionären Humanismus kaum ausdrücken. Formulieren wir also selbstbewusst die längst fällige, positive Alternative zur religiösen Lebensverneinung: „Heidenspaß" statt „Höllenangst", „Zuckererbsen für jedermann" statt „Zuckerbrot und Peitsche"!

Wer kann dazu schon „nein" sagen? Kein Tier würde es tun. Und die Mitglieder der stolzen Spezies Homo sapiens sollten es eigentlich auch nicht. Wollen wir also hoffen, dass die fröhliche Melodie dieses „neuen, besseren Liedes" die alte Jenseitsleier übertönt, uns nachhaltig von der „Erlösung" erlöst und die diesseitigen Verhältnisse epikureisch zum Tanzen bringt! Sie hätten es wahrlich verdient…

Anhang A.

Die Zehn Gebote der Bibel (Exodus 20,1-21)

Dann sprach Gott alle diese Worte:

Ich bin Jahwe, dein Gott, der dich aus Ägypten geführt hat, aus dem Sklavenhaus.

Du sollst neben mir keine anderen Götter haben. Du sollst dir kein Gottesbild machen und keine Darstellung von irgend etwas am Himmel droben, auf der Erde unten oder im Wasser unter der Erde. Du sollst dich nicht vor anderen Göttern niederwerfen und dich nicht verpflichten, ihnen zu dienen. Denn ich, der Herr, dein Gott, bin ein eifersüchtiger Gott: Bei denen, die mir feind sind, verfolge ich die Schuld der Väter an den Söhnen, an der dritten und vierten Generation; bei denen, die mich lieben und auf meine Gebote achten, erweise ich Tausenden meine Huld.
Du sollst den Namen des Herrn, deines Gottes, nicht missbrauchen; denn der Herr lässt den nicht ungestraft, der seinen Namen missbraucht.
Gedenke des Sabbats: Halte ihn heilig! Sechs Tage darfst du schaffen und jede Arbeit tun. Der siebte Tag ist ein Ruhetag, dem Herrn, deinem Gott, geweiht. An ihm darfst du keine Arbeit tun: du, dein Sohn und deine Tochter, dein Sklave und deine Sklavin, dein Vieh und der Fremde, der in deinen Stadtbereichen Wohnrecht hat. Denn in sechs Tagen hat der Herr Himmel, Erde und Meer gemacht und alles, was dazugehört; am siebten Tag ruhte er. Darum hat der Herr den Sabbattag gesegnet und ihn für heilig erklärt.
Ehre deinen Vater und deine Mutter, damit du lange lebst in dem Land, das der Herr, dein Gott, dir gibt.

Du sollst nicht morden.
Du sollst nicht die Ehe brechen.
Du sollst nicht stehlen.
Du sollst nicht falsch gegen deinen Nächsten aussagen.
Du sollst nicht nach dem Haus deines Nächsten verlangen.
Du sollst nicht nach der Frau deines Nächsten verlangen, nach seinem Sklaven oder seiner Sklavin, seinem Rind oder seinem Esel oder nach irgend etwas, das deinem Nächsten gehört.

Das ganze Volk erlebte, wie es donnerte und blitzte, wie Hörner erklangen und der Berg rauchte. Da bekam das Volk Angst, es zitterte und hielt sich in der Ferne.

Sie sagten zu Mose: Rede du mit uns, dann wollen wir hören. Gott soll nicht mit uns reden, sonst sterben wir. Da sagte Mose zum Volk: Fürchtet euch nicht! Gott ist gekommen, um euch auf die Probe zu stellen. Die Furcht vor ihm soll über euch kommen, damit ihr nicht sündigt. Das Volk hielt sich in der Ferne, und Mose näherte sich der dunklen Wolke, in der Gott war.

Anhang B.

Die Zehn Angebote des evolutionären Humanismus

Diese zehn „Angebote“ wurden von keinem Gott erlassen und auch nicht in Stein gemeißelt. Keine „dunkle Wolke“ sollte uns auf der Suche nach angemessenen Leitlinien für unser Leben erschrecken, denn Furcht ist selten ein guter Ratgeber. Jedem Einzelnen ist es überlassen, diese Angebote angstfrei und rational zu überprüfen, sie anzunehmen, zu modifizieren oder gänzlich zu verwerfen.

1. *Diene weder fremden noch heimischen „Göttern“* (die bei genauerer Betrachtung nichts weiter als naive Primatenhirn-Konstruktionen sind), *sondern dem großen Ideal der Ethik, das Leid in der Welt zu mindern!* Diejenigen, die behaupteten, besonders nah ihrem „Gott“ zu sein, waren meist jene, die dem Wohl und Wehe der realen Menschen besonders fern standen. Beteilige dich nicht an diesem Trauerspiel! *Wer Wissenschaft, Philosophie und Kunst besitzt, braucht keine Religion!*

2. *Verhalte dich fair gegenüber deinem Nächsten <u>und</u> deinem Fernsten!* Du wirst nicht alle Menschen *lieben* können, aber du solltest *respektieren*, dass *jeder* Mensch – auch der von dir ungeliebte! – das Recht hat, seine individuellen Vorstellungen von „gutem Leben (und Sterben) im Diesseits“ zu verwirklichen, sofern er dadurch nicht gegen die gleichberechtigten Interessen Anderer verstößt.

3. *Habe keine Angst vor Autoritäten, sondern den Mut, dich deines eigenen Verstandes zu bedienen!* Bedenke, dass die

Stärke eines Arguments völlig unabhängig davon ist, wer es äußert. Entscheidend für den Wahrheitswert einer Aussage ist allein, ob sie logisch widerspruchsfrei ist und unseren realen Erfahrungen in der Welt entspricht. Wenn heute noch jemand mit „Gott an seiner Seite" argumentiert, sollte das keine Ehrfurcht, sondern Lachsalven auslösen.

4. *Du sollst nicht lügen, betrügen, stehlen, töten – es sei denn, es gibt im Notfall keine anderen Möglichkeiten, die Ideale der Humanität durchzusetzen!* Wer in der Nazidiktatur nicht log, sondern der Gestapo treuherzig den Aufenthaltsort jüdischer Familien verriet, verhielt sich im höchsten Maße unethisch – im Gegensatz zu jenen, die Hitler durch Attentate beseitigen wollten, um Millionen von Menschenleben zu retten. Ethisches Handeln bedeutet keineswegs, blind irgendwelchen moralischen Geboten oder Verboten zu folgen, sondern in der jeweiligen Situation abzuwägen, mit welchen positiven und negativen Konsequenzen eine Entscheidung verbunden wäre.

5. *Befreie dich von der Unart des Moralisierens!* Es gibt in der Welt nicht „das Gute" und „das Böse", sondern bloß Menschen mit unterschiedlichen Interessen, Bedürfnissen und Lernerfahrungen. Trage dazu bei, dass die katastrophalen Bedingungen aufgehoben werden, unter denen Menschen heute verkümmern, und du wirst erstaunt sein, von welch freundlicher, kreativer und liebenswerter Seite sich die vermeintliche „Bestie" Homo sapiens zeigen kann.

6. *Immunisiere dich nicht gegen Kritik!* Ehrliche Kritik ist ein Geschenk, das du nicht abweisen solltest. Durch solche Kritik hast du nicht mehr zu verlieren als deine Irrtümer, von denen du dich besser heute als morgen verabschiedest. Habe Mitleid mit jenen Kritikunfähigen, die sich aus tiefer Angst heraus als „unfehlbar" und ihre Dogmen als „heilig" (unantastbar) darstellen müssen. Sie sollten in einer modernen Gesellschaft nicht mehr ernst genommen werden.

7. *Sei dir deiner Sache nicht allzu sicher!* Was uns heute als richtig erscheint, kann schon morgen überholt sein! *Zweifle aber auch am Zweifel!* Selbst wenn unser Wissen stets begrenzt und vorläufig ist, solltest du entschieden für das eintreten, von dem du überzeugt bist. Sei dabei aber jederzeit offen für bessere Argumente, denn nur so wird es dir gelingen, den schmalen Grat jenseits von Dogmatismus und Beliebigkeit zu meistern.

8. *Überwinde die Neigung zur Traditionsblindheit, indem du dich gründlich nach allen Seiten hin informierst, bevor du eine Entscheidung triffst!* Du verfügst als Mensch über ein außerordentlich lernfähiges Gehirn, lass es nicht verkümmern! Achte darauf, dass du in Fragen der Ethik und der Weltanschauung die gleichen rationalen Prinzipien anwendest, die du beherrschen musst, um ein Handy oder einen Computer bedienen zu können. Eine Menschheit, die das Atom spaltet und über Satelliten kommuniziert, muss die dafür notwendige Reife besitzen.

9. *Genieße dein Leben, denn dir ist höchstwahrscheinlich nur dieses eine gegeben!* Sei dir deiner und unser aller Endlichkeit bewusst, verdränge sie nicht, sondern „nutze den Tag" (Carpe diem)! Gerade die Endlichkeit des individuellen Lebens macht es so ungeheuer kostbar! Lass dir von niemandem einreden, es sei eine Schande, glücklich zu sein! Im Gegenteil: Indem du die Freiheiten genießt, die du heute besitzt, ehrst du jene, die in der Vergangenheit im Kampf für diese Freiheiten ihr Leben gelassen haben!

10. *Stelle dein Leben in den Dienst einer „größeren Sache", werde Teil der Tradition derer, die die Welt zu einem besseren, lebenswerteren Ort machen woll(t)en!* Eine solche Haltung ist nicht nur ethisch vernünftig, sondern auch das beste Rezept für eine sinnerfüllte Existenz. Es scheint so, dass Altruisten die cleveren Egoisten sind, da die größte Erfüllung unseres Eigennutzes in seiner Ausdehnung auf Andere liegt. Wenn du dich selber als Kraft im „Wärmestrom der menschlichen Geschichte" verorten kannst, wird

dich das glücklicher machen, als es jeder erdenkliche Besitz könnte. Du wirst intuitiv spüren, dass du nicht umsonst lebst und auch nicht umsonst gelebt haben wirst!

Anmerkungen

1 Zum Weltbild des amerikanischen Präsidenten siehe u. a. Singer, Peter: Der Präsident des Guten und des Bösen. Die Ethik George W. Bushs. Erlangen 2004; siehe auch Schmidt-Salomon, Michael: Amerika und das Böse. Über den wachsenden Einfluss der christlichen Rechten in den USA. In: MIZ 2/03.

2 vgl. u. a. Warraq, Ibn: Warum ich kein Muslim bin. Berlin 2004.

3 vgl. Deschner, Karlheinz: Kriminalgeschichte des Christentums. Reinbek 1986ff.

4 vgl. www.giordano-bruno-stiftung.de.

5 Beck, Ulrich: Gegengifte. Die organisierte Unverantwortlichkeit. Frankfurt/M. 1988, S. 185.

6 Zur Auseinandersetzung um die Evolutionstheorie vgl. u. a. Kutschera, Ulrich: Streitpunkt Evolution. Darwinismus und Intelligentes Design. Münster 2004.

7 vgl. Freud, Sigmund: Vorlesungen zur Einführung in die Psychoanalyse. In: Freud, Sigmund: Studienausgabe. Frankfurt/M. 1969, Bd. 1, S. 283f.

8 Auch wenn die Psychoanalyse als Therapieform der Verhaltenstherapie auf den meisten Gebieten unterlegen ist, wurden doch einige grundlegende anthropologische Annahmen Freuds (insbesondere zur Bedeutung des Unbewussten) durch die moderne Hirnforschung bestätigt.

9 vgl. Vollmer, Gerhard: Auf der Suche nach Ordnung. Beiträge zu einem naturalistischen Welt- und Menschenbild. Stuttgart 1995, S. 43ff.

10 vgl. u. a. Lorenz, Konrad / Leyhausen, Paul: Antriebe tierischen und menschlichen Verhaltens. München 1968; Sommer, Volker: Von Menschen und anderen Tieren. Stuttgart 2000; Wuketits, Franz: Der Affe in uns. Warum die Kultur an unserer Natur zu scheitern droht. Stuttgart 2001.

11 siehe u. a. Vollmer, Gerhard: Evolutionäre Erkenntnistheorie. Stuttgart 1975; Lorenz, Konrad: Die Rückseite des Spiegels. Versuch einer Naturgeschichte menschlichen Erkennens. München 1977.

12 Der Evolutionstheoretiker Richard Dawkins, der den Begriff „Mem" 1976 als kulturelles Gegenstück zum biologischen „Gen" prägte, fasste darunter jegliche Idee, Verhaltensweise oder Fertigkeit, die anderen durch Imitation übertragen werden kann. Meme (beispielsweise Geschichten, religiöse Dogmen, Moden, Rezepte, Lieder) sollen wie Viren von Gehirn zu Gehirn springen und die Gedanken, Vorstellungen und Wünsche der Menschen „infizieren" können. Zwar fällt es uns einigermaßen schwer, uns Meme (beispielsweise den Werbeslogan: „Nichts ist unmöglich – Toyota") als selbständig agierende Replikatoren vorzustellen, die Hirne befallen, um sich auf diese Weise fortpflanzen zu können. Dennoch macht es Sinn, mit Hilfe dieser Metapher die Welt zu verstehen, d. h. heuristisch (zu Erklärungszwecken) davon auszugehen, dass Menschen sich so verhalten, *als ob* sie tatsächlich von solchen selbstreplizierenden Informationseinheiten (Genen und Memen) gesteuert würden.

13 vgl. u. a. Dawkins, Richard: Und es entsprang ein Fluss in Eden. Das Uhrwerk der Evolution. München 1998; sowie: Voland, Eckart: Grundriss der Soziobiologie. Berlin 2000.

14 vgl. u. a. Dörner, Dietrich: Die Logik des Misslingens. Reinbek 1993.

15 vgl. u. a. Fromm, Erich: Die Furcht vor der Freiheit. In: Fromm, Erich: Gesamtausgabe. München 1989, Bd. 1.

16 vgl. u. a. Kanitscheider, Bernulf: Auf der Suche nach dem Sinn. Frankfurt/M. 1995.

17 vgl. u. a. Gould, Stephen J.: Die Entdeckung der Tiefenzeit. München 1990.

18 vgl. insbesondere Wuketits, Franz M.: Naturkatastrophe Mensch. Evolution ohne Fortschritt. Düsseldorf 1998.

19 vgl. u. a. Singer, Wolf: Der Beobachter im Gehirn. Essays zur Hirnforschung. Frankfurt/M. 2002; Roth Gerhard: Aus Sicht des Gehirns. Frankfurt/M. 2003; Damasio, Antonio: Der Spinoza-Effekt. Wie Gefühle unser Leben bestimmen. München 2003.

20 vgl. Huxley, Julian: Ein Leben für die Zukunft. Erinnerungen. München 1981.

21 Huxley, Julian: Die Grundgedanken des evolutionären Humanismus. In: Huxley, Julian (Hrsg.): Der evolutionäre Humanismus. Zehn Essays über die Leitgedanken und Probleme. München 1964.

22 Zur Theorie des Humanismus vergleiche u. a. Groschopp, Horst: Humanismus-Theorie. Der Humanistische Verband und sein Selbstverständnis. In: humanismus heute 2/1998.

23 Marx, Karl / Engels, Friedrich: Werke (MEW). Berlin 1956, Bd. 1, S. 385.

24 vgl. hierzu u. a. Vaas, Rüdiger: Der Streit um die Willensfreiheit. Die Grenzen unserer Autonomie. In: Universitas 57 (2002), Nr. 672/674.

25 vgl. u. a. die genannten Bücher von Wolf Singer, Gerhard Roth und Antonio Damasio.

26 vgl. Damasio, Antonio: Descartes' Irrtum. Fühlen, Denken und das menschliche Gehirn. München 1995, S. 78ff.

27 vgl. Wickler, Wolfgang / Seibt, Ulla: Das Prinzip Eigennutz. Ursachen und Konsequenzen sozialen Verhaltens. Hamburg 1977.

28 Um Missverständnisse zu vermeiden: Der Begriff des Eigennutzes ist im vorliegenden Manifest weiter gefasst als die spezielle soziobiologische Begriffsbelegung, siehe hierzu auch die Ausführungen in diesem Kapitel.

29 vgl. Gould, Stephen Jay: Darwin nach Darwin. Naturgeschichtliche Reflexionen. Frankfurt/M. 1984, S. 76f.

30 vgl. u. a. Sigmund, Karl: Spielpläne. Zufall, Chaos und die Strategien der Evolution. Hamburg 1999; Axelrod, Robert: Die Evolution der Kooperation. München 1997.

31 Nebenbei: Dass wir eher zu *Mitleid* als zu *Mitfreude* tendieren, ist ebenfalls über den Eigennutz begründet. Warum? Weil, wie schon Ludwig Marcuse pointiert feststellte, „im Mit-Leid die Freude dabei ist, dass wir nur teilzunehmen brauchen; in der Mit-Freude hingegen das Leid, dass wir nur teilnehmen dürfen". (Marcuse, Ludwig: Argumente und Rezepte. Ein Wörterbuch für Zeitgenossen. Zürich 1973, S. 84)

32 Schopenhauer, Arthur: Die beiden Grundprobleme der Ethik. II. Über das Fundament der Moral. In: Schopenhauer, Arthur: Werke, Bd. IV. Wiesbaden 1972.

33 vgl. u. a. Wuketits, Franz M.: Verdammt zur Unmoral? Zur Naturgeschichte von Gut und Böse. München 1993.

[34] vgl. u. a. Deschner, Karlheinz: Das Kreuz mit der Kirche. Eine Sexualgeschichte des Christentums. München 1989.

[35] Dawkins, Und es entsprang ein Fluss in Eden, S. 151.

[36] Epikur: Philosophie der Freude. Briefe, Hauptlehrsätze, Spruchsammlung, Fragmente. Frankfurt/M. 1988, S. 98.

[37] Eine Formulierung von Bernulf Kanitscheider, siehe das Interview mit dem Philosophen in: MIZ 4/02; allgemein zum Thema Hedonismus vgl. auch Kanitscheider, Bernulf / Dessau, Bettina: Von Lust und Freude. Gedanken zu einer hedonistischen Lebensorientierung. Frankfurt/M. 2000.

[38] Salomon, M.S.: Stollbergs Inferno. Aschaffenburg 2003, S. 216.

[39] Epikur, Philosophie der Freude, S. 67.

[40] ebenda, S. 71.

[41] ebenda, S. 58.

[42] vgl. zum Folgenden: Klein, Stefan: Die Glücksformel – oder: Wie die guten Gefühle entstehen. Reinbek 2002, S. 260ff.

[43] ebenda, S. 265.

[44] vgl. hierzu Lethmate, Jürgen: Die Besonderheiten des Menschen. In: Schiefenhövel, Wulf et al. (Hrsg.): Vom Affen zum Halbgott: Der Weg des Menschen aus der Natur. Stuttgart 1994.

[45] Bischof, Norbert: Das Rätsel Ödipus. Die biologischen Wurzeln des Urkonflikts von Intimität und Autonomie. München 1985, S. 541.

[46] Am radikalsten stellte wohl Max Stirner auf diese Weise die Institutionen der Gesellschaft in Frage (vgl. vor allem Stirner, Max: Der Einzige und sein Eigentum. Stuttgart 1979).

[47] vgl. Hayek, Friedrich von: Die überschätzte Vernunft. In: Riedl, Rupert / Kreuzer, Franz (Hrsg.): Evolution und Menschenbild. Hamburg 1983.

[48] vgl. Schmidt-Salomon, Michael: Sind AtheistInnen die besseren Menschen? Anmerkungen zur Kriminalgeschichte des Atheismus. In: MIZ 4/00.

[49] Freud, Sigmund: Die Zukunft einer Illusion. In: Freud, Sigmund: Studienausgabe, Bd. 9. Frankfurt/M. 1977, S. 180f.

[50] Buggle, Franz: Denn sie wissen nicht, was sie glauben. Oder warum man redlicherweise nicht mehr Christ sein kann. Aschaffenburg 2004, S. 215.

[51] siehe hierzu das Kapitel „Macht euch die Erde untertan? Warum wir uns vom Speziesismus verabschieden sollten".

52 vgl. hierzu Albert, Hans: Traktat über kritische Vernunft. Tübingen 1991.

53 Zur Kritik des Postmodernismus siehe auch Schmidt-Salomon, Michael: Erkenntnis aus Engagement. Grundlegungen zu einer Theorie der Neomoderne. Aschaffenburg 1999.

54 vgl. Popper. Karl: Die Anfänge des Rationalismus. In: Popper, Karl: Lesebuch. Tübingen 2000, S. 11.

55 vgl. hierzu u. a. Schmidt-Salomon, Erkenntnis aus Engagement, S. 355-415.

56 Weber, Max: Die „Objektivität" sozialwissenschaftlicher und sozialpolitischer Erkenntnis. In: Weber, Max: Gesammelte Aufsätze zur Wissenschaftslehre. Hrsg. von Johannes Winckelmann. Tübingen 1985, S. 151.

57 vgl. beispielsweise Russell, Bertrand: Denker des Abendlandes. Eine Geschichte der Philosophie. Stuttgart 1996.

58 siehe u. a. Orthbrandt, Eberhard: Geschichte der großen Philosophen und des philosophischen Denkens. Hanau o.J.

59 Die Herkunft des Begriffs ist umstritten. Der Begriff „philosophos" taucht wohl erstmalig bei Heraklit auf, dort allerdings in der Bedeutung: „ein nach der Natur der Dinge Forschender" (vgl. Schischkoff, Georgi [Hrsg.]: Philosophisches Wörterbuch, Stuttgart 1991, S. 559). Die neuere Begriffsbildung geht wahrscheinlich auf Platon zurück, der den Begriff nutzte, um sich von den Sophisten abzugrenzen. Im heutigen Sprachgebrauch zählen zweifellos auch die damals ausgegrenzten Sophisten zu den Philosophen.

60 Man beachte, in welch unterschiedlichen Fachdisziplinen beispielsweise noch Immanuel Kant wirkte. Interessanterweise hinkte er dem Forschungsstand seiner Zeit nicht etwa hinterher, wie man vermuten könnte, sondern ging in einigen Fällen sogar darüber hinaus (vgl. beispielsweise Wuketits, Franz: Kants Schriften zur Anthropologie: Wege zu einem modernen Menschenbild? In: Aufklärung und Kritik 2/2000).

61 Ein Teil der Philosophen reagierte auf diese Entwicklung, indem sie sich noch weiter aus der Sphäre des Wissenschaftlichen zurückzogen (Beispiel Heidegger), andere wiederum richteten sich eine kleine, praxisferne Wissenschaftsnische ein, indem sie statt Philosophie vornehmlich Philologie betrieben und damit begannen, in der Schutzzone universitärer Elfenbeintürme von der Resteverwertung alter philosophischer Texte zu leben.

62 Mit dem Begriff der „Weltweisheit“ konnte sich die Philosophie im christlichen Mittelalter von der dominierenden Theologie abgrenzen und damit ein gewisses Maß an Autonomie bewahren.

63 Dabei wird selbstverständlich nicht übersehen, dass es einem Großteil der Menschen an den allernotwendigsten Ressourcen zum Überleben mangelt. Auf die Menschheit als Ganzes bezogen stimmt dies jedoch nicht. Es könnten mit den vorhandenen Produktionsmethoden problemlos genügend Güter produziert werden, um allen Menschen ein halbwegs sorgenfreies Leben garantieren zu können. Das Problem besteht also nicht darin, dass prinzipiell nicht genügend Güter vorhanden wären, sondern darin, dass diese (sowie die zugrunde liegenden Produktivkräfte) auf höchst problematische Weise verteilt sind. Dieses Missverhältnis sorgt nicht nur für unglaubliches Elend in den Armutsregionen der Welt, sondern wird auf kurz oder lang auch zu einer Bedrohung des Reichtums in den sog. „entwickelten Regionen“ führen. Es ist ein Zeichen fehlender Weisheit oder Weitsicht, dass diese Zusammenhänge noch immer nicht erkannt und demzufolge auch nicht die notwendigen Schritte zur Lösung dieses Problems unternommen werden.

64 Schiller, Friedrich: Über die ästhetische Erziehung des Menschen. In: Werke in vier Bänden, Bd. I. Salzburg 1986, S. 522.

65 Dass in dieser Ahnengalerie der Wissenschaft, Philosophie und Kunst fast ausschließlich *europäische Männer* aufgelistet sind, sollte nicht fehlinterpretiert werden. Der Verfasser hat keinerlei Sympathien für patriarchale oder eurozentristische Denkmuster. Es ist aber kaum zu leugnen, dass Frauen bzw. Nichteuropäer in der Vergangenheit aufgrund struktureller Zwänge weit geringere Chancen besaßen, fundamentale Beiträge zum kulturellen Emanzipationsprozess der Menschheit zu leisten. Dennoch gab es trotz der enormen ökonomischen, sozialen und politischen Hindernisse selbstverständlich auch Frauen und Nichteuropäer, die auf diesem Gebiet von unschätzbarer Bedeutung waren. Stellvertretend für die vielen, leider meist vergessenen, oftmals geschichtlich bewusst verdrängten Frauen stehen in dieser Ahnengalerie Hypatia, die berühmte heidnische Philosophin, die im Jahr 415 vom christlichen Mob gelyncht wurde, sowie die Chemikerin und Nobelpreisträgerin Marie Curie, zweifellos eine der größten

Wissenschaftlerinnen aller Zeiten. Die Namen Mo-Ti (chinesischer Philosoph, der im 5 Jahrhundert v.u.Z. für Solidarität, Gleichheit, allgemeine Menschenliebe eintrat und eine der allerersten Antikriegsschriften überhaupt verfasste) und Al-Razi (siehe die Ausführungen im Kapitel „Alte Werte – neue Scheiterhaufen?“) zeigen an, dass Humanismus und Aufklärung keineswegs europäische Binnenphänomene sind, sondern dass es in allen Teilen der Welt – und auch zu allen Zeiten! – Menschen gegeben hat, die den Mut besaßen, sich im Sinne der Humanität des eigenen Verstandes zu bedienen.

66 Goethe, Johann Wolfgang von: Goethes Werke in zwölf Bänden (Bibliothek deutscher Klassiker). Weimar 1988, Bd. 2, S. 198.

67 vgl. Koscis, Gabor: Ethische Erziehung als Grundstein der Zukunft. In: Harloff, Hans Joachim (Hrsg.): Bedingungen des Lebens in der Zukunft und die Folgen für die Erziehung. Berlin 1978.

68 Das bedeutet nicht, dass der Glaube an eine politische Säkularreligion nicht ebenfalls katastrophale Folgen haben könnte; vgl. hierzu die Ausführungen zu Nationalsozialismus und Staatssozialismus im vorliegenden Text.

69 vgl. Schmidt-Salomon, Michael: Das Feuerbach-Syndrom. Warum Religionskritik in der Wissenschaft noch immer ein Tabuthema ist. In: MIZ 2/04.

70 So beispielsweise der bayerische CSU-Chef Edmund Stoiber, der gefragt, welches der Zehn Gebote seiner Meinung nach für den Aufbau der Gesellschaft besonders bedeutsam sei, allen Ernstes antwortete: „Für den Aufbau der Gesellschaft sicherlich die Nächstenliebe…“ (Falsche Antwort, Herr Stoiber: Das Gebot der Nächstenliebe ist im Dekalog nun wirklich nicht zu finden.) (vgl. Süddeutsche Zeitung, 14.8.2002.)

71 Exodus 20,3ff. (Sämtliche Bibelzitate folgen der entschärften „Einheitsübersetzung“, die für beide Großkirchen verbindlich ist.)

72 „Du sollst nicht nach der Frau deines Nächsten verlangen, nach seinen Sklaven oder seiner Sklavin, seinem Rind oder Esel oder irgend etwas, was deinem Nächsten gehört.“ (Exodus 20,17)

73 Exodus 20,13.

74 Exodus 22,17-19.

75 Exodus 23,27-30.

[76] Vgl. Doherty, Earl: Das Jesus-Puzzle. Basiert das Christentum auf einer Legende? Neustadt 2003.

[77] Mt. 5,29.

[78] Mt. 22,14.

[79] Mt. 13,41-43.

[80] So heißt es im Einleitungstext der ökumenischen Einheitsübersetzung verniedlichend zur grenzenlosen Hasspredigt der Offenbarung des Johannes.

[81] vgl. Deschner, Kriminalgeschichte des Christentums, Bd. 1, S. 11ff.

[82] Dies wird besonders deutlich am Beispiel des Tibetischen Buddhismus, vgl. hierzu u. a. Goldner, Colin: Dalai Lama. Fall eines Gottkönigs. Aschaffenburg 1999.

[83] vgl. Bunge, Mario / Mahner, Martin: Über die Natur der Dinge. Stuttgart 2004, S. 8f.

[84] vgl. hierzu und zum Folgenden die Düsseldorfer Kreationismus-Debatte zwischen Craig und dem Verfasser unter: www.giordano-bruno-stiftung.de.

[85] Das theoretisch anspruchsvollste Argument der Intelligent-Design-Vertreter für die Existenz Gottes besteht in dem Hinweis auf die sog. kosmologische Feinabstimmung (vgl. hierzu die Düsseldorfer Kreationismus-Debatte). Aber auch dieses Argument greift letztlich nicht, da es für dieses Phänomen bessere theoretische Lösungsansätze gibt. Ausführlich hierzu: Vaas, Rüdiger: Ein Universum nach Maß? Kritische Überlegungen zum Anthropischen Prinzip in der Kosmologie, Naturphilosophie und Theologie. In: Hübner et al. (Hrsg.): Theologie und Kosmologie. Geschichte und Erwartungen für das gegenwärtige Gespräch. Tübingen 2004, S. 375-498.

[86] ebenda.

[87] vgl. Schmidt-Salomon, Michael: Big Mama is watching you! In: Chlada, Marvin / Dembowski, Gerd (Hrsg.): Die neuen Heiligen. Franz Beckenbauer, Dalai Lama, Jenny Elvers und andere Aliens. Aschaffenburg 2001.

[88] vgl. Deschner, Karlheinz: Der gefälschte Glaube. Eine kritische Betrachtung kirchlicher Lehren und ihrer historischen Hintergründe. München 2004, S. 51.

[89] Zu den hirnorganischen Voraussetzung mystischer Erlebnisse siehe u. a. Vaas, Rüdiger: Hotline zum Himmel. In: bild der wissenschaft 7/2005.

90 vgl. den Dialog Eutyphron in: Platon: Sämtliche Dialoge, Bd. 1. Hamburg 1988, S. 68-95.

91 „Du wirst alle Völker verzehren, die der Herr, dein Gott, für dich bestimmt. Du sollst in dir kein Mitleid mit ihnen aufsteigen lassen." (Deut. 7,16)

92 Küng, Hans: Projekt Weltethos. München 1990, S. 77.

93 ebenda, S. 78.

94 vgl. Albert, Hans: Das Elend der Theologie. Kritische Auseinandersetzung mit Hans Küng. Aschaffenburg 2005.

95 „Schläft einer mit einem Mann, wie man mit einer Frau schläft, dann haben sie eine Gräueltat begangen; beide werden mit dem Tod bestraft; ihr Blut soll auf sie kommen." (Lev. 20,13)

96 Gen. 19,1-29.

97 Gen. 8,1-9,29.

98 vgl. Lennert, Gernot: Der Westen und der Islam. Ein historischer Überblick über das islamisch-westliche Verhältnis. In: Reinsdorf, Clara / Reinsdorf, Paul (Hrsg.): Salam oder Dschihad? Islam und Islamismus aus friedenspolitischer Perspektive. Aschaffenburg 2003.

99 vgl. Kanitscheider, Bernulf: Humanismus und Aufklärung – Skizzen zur Geschichte einer europäischen Leitkultur. In: MIZ 3/05.

100 „Wenn du als Sklave berufen wurdest, soll dich das nicht bedrücken; auch wenn du frei werden kannst, lebe lieber als Sklave weiter. Denn wer im Herrn als Sklave berufen wurde, ist Freigelassener des Herrn." (1 Kor. 7,21f.)

101 vgl. etwa 1 Kor. 7,22.

102 Pius XII. in dem Rundschreiben „Humani generis": „Wenn es sich aber um eine andere auf Vermutung gründende Ansicht handelt, nämlich um den sogenannten Polygenismus, dann genießen die Kinder der Kirche keineswegs eine solche Freiheit. Die Christgläubigen können diese Auffassung nämlich nicht gutheißen, deren Anhänger behaupten, entweder habe es nach Adam hier auf Erden wahre Menschen gegeben, die nicht von demselben als dem Stammvater aller durch natürliche Zeugung abstammten, oder „Adam" bezeichne eine Menge von Stammvätern; es ist nämlich keineswegs ersichtlich, wie eine solche Auffassung mit dem in Übereinstimmung gebracht werden könnte, was die Quellen der geoffenbarten Wahrheit und die Akten des Lehramtes der Kirche

über die Ursünde vorlegen, die aus der wahrhaft von dem einen Adam begangenen Sünde hervorgeht und die, durch Zeugung auf alle übertragen, einem jeden als ihm eigen innewohnt."

103 vgl. Deschner, Kriminalgeschichte des Christentums, Bd. 8, S. 409ff.

104 So heißt es in Martin Luthers Hetzschrift *Von den Juden und ihren Lügen*: „Darum wisse Du, lieber Christ, und zweifel nichts daran, dass Du, nähest nach dem Teufel, keinen bittern, giftigern, heftigern Feind habest, denn einen echten Juden... Ich will meinen treuen Rat geben: Erstlich, dass man ihre Synagoge oder Schule mit Feuer anstecke, und was nicht brennen will, mit Erde überhäufe und beschütte, dass kein Mensch einen Stein oder Schlacke davon sehe ewiglich... Zum anderen, dass man auch ihre Häuser dergleichen zerbreche und zerstöre..." (zitiert nach Czermak, Gerhard: Christen gegen Juden: Geschichte einer Verfolgung. Reinbek 1997, S. 112f.).

105 vgl. Herrmann, Horst: Martin Luther. Eine Biographie. Berlin 2003, S. 422ff.; siehe auch Deschner, Kriminalgeschichte des Christentums, Bd. 8, S. 383ff.

106 vgl. MIZ 4/04, S. 58f.

107 Spr. 13,24.

108 Hebr. 12,6-7.

109 Weiner, Joachim: Religion in der säkularen Gesellschaft. Christliche und islamische Wertvorstellungen im Spiegel des Verfassungsstaates. Manuskript der Sendung des Deutschlandfunks vom 4.4.2005, S. 7f.

110 vgl. hierzu und zum Folgenden Warraq, Warum ich kein Muslim bin.

111 Warraq, Warum ich kein Muslim bin, S. 369.

112 ebenda.

113 vgl. Buggle, Denn sie wissen nicht, was sie glauben.

114 Suren 14,16; 78,25. Die Koranzitate folgen der Übersetzung von Rudi Paret (Kohlhammer Verlag, 7. Auflage, Köln 1996).

115 6,70

116 47,15

117 22,21

118 22,19f.

119 83,34ff.

[120] 47,4

[121] 4,66ff.

[122] 3,142

[123] 8,68f.

[124] „Als die schlimmsten Tiere gelten bei Gott diejenigen, die ungläubig sind und (auch) nicht glauben werden (oder: und [um alle Welt] nicht glauben wollen)“ Sure 8,55.

[125] siehe Sure 9,81ff.

[126] So heißt es in Sure 8,15-16: „Ihr Gläubigen! Wenn ihr mit den Ungläubigen in Gefechtsberührung kommt, dann kehret ihnen nicht den Rücken! Wer ihnen alsdann den Rücken kehrt – und sich dabei nicht (nur) abwendet, um (wieder) zu kämpfen, oder abschwenkt (um) zu einer (anderen) Gruppe (zu stoßen und sich dort am Kampf zu beteiligen) –, der verfällt dem Zorn Gottes, und die Hölle wird ihn (dereinst) aufnehmen. Ein schlimmes Ende!“

[127] vgl. MIZ 3/01, S. 2

[128] In dem „spirituellen Leitfaden“, den die Selbstmordattentäter am 11. September mit sich trugen, wurde ihnen als Lohn für ihre (im schlimmsten Sinne!) *selbstlose Tat* ein Leben im Paradies versprochen: „Wenn du deine Tat beginnst, schlage hart wie ein Held zu (...), schlag sehr hart in das Genick, in dem Wissen, dass der Himmel auf dich wartet, dich erwartet und du dort ein besseres Leben führen wirst, und Engel rufen deinen Namen und tragen für dich ihre schönsten Kleider.“ (taz vom 1.10.2001, S. 5) Welcher wahrhaft Gläubige könnte dazu schon „nein“ sagen?

[129] siehe Warraq, Warum ich kein Muslim bin.

[130] Kelek, Necla: Die fremde Braut. Ein Bericht aus dem Inneren des türkischen Lebens in Deutschland. Köln 2005.

[131] Kant, Immanuel: Beantwortung der Frage: Was ist Aufklärung?“ In: Kant, Immanuel: Werke in zehn Bänden. Darmstadt 1983, Bd. 9.

[132] Horkheimer, Max / Adorno, Theodor W.: Dialektik der Aufklärung. In: Adorno, Theodor W.: Gesammelte Schriften. Frankfurt/M. 2003, S. 11.

[133] ebenda, S. 63.

[134] ebenda, S. 16.

[135] Alexander, Robin: Der Wojtyla-Komplex. In: taz vom 2.4.2005; vgl. hierzu auch den „Offenen Brief der Giordano

Bruno Stiftung an die *taz*-Redaktion" (http://giordano-bruno-stiftung.de/Archiv/taz.pdf).

136 Zu den Gefahren eines ideologisch verzerrten Darwinismus siehe u. a. Brüne, Martin / Payk, Theo (Hrsg.): Sozialdarwinismus, Genetik und Euthanasie. Menschenbilder in der Psychiatrie. Stuttgart 2004.

137 Was Hitler recht war, war Stalin nur billig, auch wenn es ihm als zum Atheismus verdammten kommunistischen Staatschef natürlich nicht vergönnt war, sich der Öffentlichkeit als Gesandter Gottes zu präsentieren. Dem Personenkult um Stalin tat dies indes keinen Abbruch. Stalin stilisierte sich als *übermenschlicher Prophet der bolschewistischen Säkularreligion, als vom Histomat bestimmter Führer der auserwählten Volksgruppe „Arbeiterklasse", als unfehlbarer Papst des kommunistischen Parteipriestertums.* Wie u. a. Hans Maier aufzeigte, übernahmen die russischen Kommunisten schon sehr früh zahlreiche Elemente der heftigst bekämpften theistischen Religionen. Zu denken ist hier u. a. an den kommunistischen Reliquienkult (Einbalsamierung Lenins), die Überführung der Ikonenecke in die so genannte „Friedensecke", die Umgestaltung der Kirchen in weihevolle „Gedächtnisstätten des Atheismus" usw. (vgl. Maier, Hans: Politische Religionen. Die totalitären Regime und das Christentum. Freiburg 1995, S. 14f.).

Wie stark die Wirkung der kommunistischen Politreligion und insbesondere die quasireligiöse Verehrung Stalins war, tritt deutlich in den vielen literarischen Lobpreisungen Stalins hervor, die mitunter stark an liturgische Weihegesänge erinnern. So verfasste Johannes R. Becher (der prominente Verfasser des Textes der DDR-Nationalhymne) zum Tode Stalins folgende religiös-kitschige „Danksagung": [...] „Nun lebt er schon und wandert fort in allen / Und seinen Namen trägt der Frühlingswind / Und in dem Bergsturz ist sein Widerhallen / Und Stalins Namen buchstabiert das Kind. [...] Und kein Gebirge setzt ihm eine Schranke / Kein Feind ist stark genug, zu widerstehn / Dem Mann, der Stalin heißt, denn sein Gedanke / Wird Tat, und Stalins Wille wird geschehn." (Johannes R. Becher: Danksagung. In: Sinn und Form 2/1953, S. 9) – Wie im Himmel, so auf Erden, möchte man fast ergänzen.

Ähnlich weihevolle Klänge schlug damals auch KuBa, wie Becher ein prominenter literarischer Messdiener der DDR, an: „Gesiegt! / Und alles, alles, alles ist vollbracht. / Er ruht! /

Die Millionen sind die Seinen. / Sein Lächeln leuchtet uns auch diese Nacht. / Er hat die armen Leute reich gemacht. / Wir aber weinen. / Wir wissen freilich, / dass wir unbesiegbar sind. / Wir trinken seine Lehren wie den reinen / kristall'nen Wein Grusiniens. / [...] Gesiegt! / Der Schwur an Lenins Bahre ward erfüllt / Vollbracht! / Er gab uns noch ein Buch voll guter Lehren. / Die Fahnen neigen sich, in Flor gehüllt. / Wir schwör'n, Genosse Stalin! / Unser Schwur wird treu erfüllt! / In Ehren!" (KuBa: 5. März 1953, 21,50 Uhr. In: Sinn und Form 2/1953, S. 13).
Es ist sicherlich kein Zufall, dass Stalins Lebensbilanz hier mit biblischen Worten umschrieben wird. „Es ist vollbracht" sagt der christliche Erlöser Jesus am Kreuz, „alles, alles, alles ist vollbracht" jubelt KuBa über das Lebenswerk des bolschewistischen Erlösers Stalin. Ihm, dem unbeugsamen „Hammer und Sichel-Messias" von Lenins Gnaden, gilt die bedingungslose Nachfolge, seine Lehren gilt es zu trinken wie Wein – eine kaum verdeckte Anspielung auf den Ritus des christlichen Abendmahls.
Entsprechend groß war natürlich der Schock, als die KPdSU nach dem Tode des Diktators mit der Entstalinisierung begann und die ganzen Ausmaße des stalinistischen Terrors bekannt wurden. Damals fielen viele Kommunisten vom Glauben ab, die Politreligion des Kommunismus zeigte erste Risse, gewann aber für kurze Zeit weltweit wieder an Attraktivität, als Mao den apostolischen Auftrag zur Kulturrevolution gab und mit seiner „roten Bibel" das Evangelium des Weltkommunismus um eine neue (Un-)Heilsgeschichte erweiterte.

138 Der Begriff der politischen Religion wurde bereits im Jahr 1938 durch Eric Voegelin geprägt und von ihm anhand der damals brandaktuellen Beispiele Nationalsozialismus und Kommunismus erläutert. Sein Ansatz wurde von der Geschichtswissenschaft in der Folgezeit allerdings weitgehend ignoriert, weil Voegelin selbst von einem sehr christlichen Verständnis geprägt war und wohl auch deshalb, weil für viele Experten der Begriff der Religion eher positiv besetzt war. Erst Mitte der Neunziger Jahre hat eine verstärkte Beschäftigung mit dem Phänomen der politischen Religion eingesetzt. Zu nennen sind hier vor allem die Bücher von Hans Maier (Politische Religionen, Freiburg 1995 sowie Totalitarismus und politische Religionen, Paderborn 1996/97) und

Michael Ley (Genozid und Heilserwartung, Wien 1993 sowie das gemeinsam mit Julius H. Schoeps herausgegebene Der Nationalsozialismus als Politische Religion, Bodenheim 1997). Einen kurzen Überblick über den Forschungsstand bietet Armin Pfahl-Traughber (Sind Kommunismus und Nationalsozialismus politische Religionen? In: humanismus aktuell 3/1998).

139 Dies darf freilich nicht auf eine Verabsolutierung des Ansatzes herauslaufen. Wie Pfahl-Traughber schrieb, lassen sich „mit den Untersuchungen von religiösen Dimensionen bei politischen Bewegungen und Ideologien [...] nur begrenzt Aussagen über das Gesamtphänomen treffen." (Pfahl-Traughber, Sind Kommunismus und Nationalsozialismus politische Religionen?, S. 66).

140 vgl. Czermak, Christen gegen Juden.

141 Goebbels zitiert nach Ley, Michael: Apokalyptische Bewegungen in der Moderne. In: Ley, Michael / Schoeps, Julius H.: Der Nationalsozialismus als politische Religion. Bodenheim 1997, S. 26.

142 ebenda.

143 vgl. hierzu die vorzügliche Videodokumentation *Herrn Hitlers Religion* von Petrus van der Let.

144 Fromm, Erich: Die Furcht vor der Freiheit. In: Fromm, Erich: Gesamtausgabe, Bd. I. München 1989, S. 217f.

145 Dawkins, Richard: Der entzauberte Regenbogen. Wissenschaft, Aberglaube und die Kraft der Phantasie. Reinbek 2002, S. 10.

146 vgl. Epikur, Philosophie der Freude.

147 siehe etwa La Mettrie, Julien Offray de: Über das Glück oder das höchste Gut. („Anti-Seneca"). Hrsg. und eingeleitet von Bernd A. Laska. Nürnberg 1985.

148 Popper, Karl Raimund: Die offene Gesellschaft und ihre Feinde. 2 Bde. Tübingen 1958.

149 Zur Kritik der Naturrechtsethik siehe u. a. Hoerster, Norbert: Ethik und Interesse. Stuttgart 2003, S. 82ff.

150 vgl. Sommer, Volker: Wider die Natur? Homosexualität und Evolution. München 1990.

151 vgl. Sommer, Volker / Ammann, Karl: Die großen Menschenaffen. München 1998, S. 75.

152 ebenda.

153 ebenda, S. 76.

154 Hoerster, Ethik und Interesse, S. 88.

155 vgl. hierzu die entsprechenden Passagen des für jeden katholischen Christen eigentlich verbindlichen Katechismus der Katholischen Kirche (München/Wien 1993).

156 siehe hierzu etwa Mynarek, Hubertus: Eros und Klerus. Essen 1999 oder: Herrmann, Horst: Hirtenwort und Schäferstündchen. München 1999.

157 vgl. Deschner, Karlheinz: Das Kreuz mit der Kirche. Eine Sexualgeschichte des Christentums. München 1989.

158 Ridley, Matt: Eros und Evolution. Die Naturgeschichte der Sexualität. München 1998, S. 308.

159 ebenda, S. 309.

160 Zu den unterschiedlichen Fortpflanzungsstrategien siehe z. B. Vogel, Christian / Sommer, Volker: Mann und Frau. In: Schiefenhövel, Wulf / Vogel, Christian et al. (Hrsg.): Zwischen Natur und Kultur. Der Mensch in seinen Beziehungen. Stuttgart 1994.

161 vgl. hierzu etwa Voland, Grundriss der Soziobiologie, S. 171f.

162 vgl. Kanitscheider / Dessau, Von Lust und Freude, S. 155.

163 vgl. Baker, Robin: Krieg der Spermien. Bergisch Gladbach 1999, S. 235f.

164 Baker schätzt die Zahl der sog. Kuckuckskinder weltweit auf rund 10 Prozent; vgl. Baker, Krieg der Spermien, S. 91.

165 Identische Ursachen müssen (oberhalb der Quantenebene) notwendigerweise identische Folgen haben, weshalb es sinnlos ist, einem Menschen vorwerfen, dass er sich unter spezifischen Bedingungen so und nicht anders verhalten hat.

166 vgl. die Darlegungen im Kapitel „Der Affe in uns: Über den schwierigen Weg vom traditionellen zum evolutionären Humanismus".

167 Shub, David: Lenin. Geburt des Bolschewismus. München 1976, S. 439; siehe auch Lenin, W.I.: Ausgewählte Werke, Bd. 6. Berlin 1983, S. 616.

168 zitiert nach Shub, Geburt des Bolschewismus, S. 440.

169 MEW, Bd. 17, S. 539.

170 ebenda, S. 544.

171 ebenda, S. 538.

172 vgl. hierzu auch: Streminger, Gerhard: Adam Smith. Reinbek 1989.

[173] Smith, Adam: Wohlstand der Nationen, Übersetzung von H.C. Recktenwald, München 1974, S. 17.

[174] ebenda, S. 371.

[175] siehe hierzu etwa Kirstein, Roland / Schmidtchen, Dieter: Wie die „unsichtbare Hand" funktioniert. Gewinnmaximierung als Triebfeder der Effizienz. Ein „classroom-experiment". In: magazin forschung 1/2000.

[176] vgl. Wuketits, Franz M.: Die Selbstzerstörung der Natur. Evolution und die Abgründe des Lebens. Düsseldorf 1999.

[177] siehe hierzu die Ausführungen im Kapitel „Brot für die Welt – die Wurst bleibt aber hier! Die anthropologischen Fundamente einer evolutionär-humanistischen Ethik".

[178] vgl. u. a. Hauff, Volker (Hrsg.): Unsere gemeinsame Zukunft. Der Brundtland-Bericht für Umwelt und Entwicklung. Greven 1987.

[179] Umwelt- und Prognose-Institut Heidelberg: Ökologische und soziale Kosten der Umweltbelastung in der Bundesrepublik Deutschland im Jahr 1989. Heidelberg 1991, S. 83.

[180] Forum Wissenschaft 3/94, S. 36.

[181] Zahlenangaben nach dem 11. Bericht zur Entwicklungspolitik der Deutschen Bundesregierung (2001) (Drucksache 14/6496), S. 5.

[182] ebenda.

[183] ebenda, S. 6.

[184] Zahlenangaben nach dem Zweiten Armuts- und Reichtumsbericht der deutschen Bundesregierung (2005) (Drucksache 15/5015), S. 55.

[185] ebenda, S. 63.

[186] vgl. u. a. Gorz, André: Abschied vom Proletariat. Frankfurt/M. 1988, oder: Nell-Breuning, Oswald von: Kapitalismus – kritisch betrachtet. Zur Auseinandersetzung um das bessere „System". Freiburg 1986.

[187] MEW, Bd. 40, S. 550.

[188] Entgegen dem in der traditionellen Ökonomie vorherrschenden Theorem von Jean Baptiste Say hat sich in den letzten Jahren zunehmend gezeigt, dass das Angebot eben nicht seine eigene Nachfrage produziert (vgl. hierzu die in der Analyse zwar mitunter einseitigen, als Ergänzung zum Mainstream der ökonomischen Wissenschaften aber eminent wichtigen Werke: Chossudovsky, Michel: Global brutal. Der entfesselte Welthandel, die Armut, der Krieg. Frankfurt/M. 2002 sowie

Kurz, Robert: Schwarzbuch Kapitalismus. Ein Abgesang auf die Marktwirtschaft. Frankfurt/M. 2003).

189 Die *Giordano Bruno Stiftung*, Auftraggeberin des vorliegenden Manifests, plant, dieses Spezialthema zu einem späteren Zeitpunkt im Rahmen einer eigenständigen Publikation ausgiebig zu erörtern.

190 Ebertz, Michael: Treue zur einzigen Wahrheit. Religionsinterner Fundamentalismus im Katholizismus. In: Kochanek, Hermann (Hrsg.): Die verdrängte Freiheit. Fundamentalismus in den Kirchen. Freiburg 1991, S. 46.

191 vgl. Riesebrodt, Martin: Die Rückkehr der Religionen. Fundamentalismus und der „Kampf der Kulturen". München 2000, S. 81.

192 vgl. Streminger, Adam Smith.

193 Smith, Wohlstand der Nationen, S. 662.

194 vgl. Cantzen, Rolf: Weniger Staat – mehr Gesellschaft. Grafenau 1997.

195 siehe Hoerster, Ethik und Interesse.

196 zitiert nach Singer, Peter: Praktische Ethik. Stuttgart 1984, S. 72

197 ebenda, S. 107.

198 ebenda, S. 70.

199 ebenda, S. 74.

200 ebenda.

201 vgl. Dawkins, Marian Stamp: Die Entdeckung des tierischen Bewusstseins. Reinbek 1996, S. 199f.

202 ebenda, S. 206ff.

203 Deschner, Karlheinz: Für einen Bissen Fleisch. Das schwärzeste aller Verbrechen. Bad Nauheim 1998.

204 vgl. Cavalieri, Paola / Singer, Peter: Menschenrechte für die Großen Menschenaffen. München 1994.

205 vgl. Hoerster, Norbert: Ethik des Embryonenschutzes. Ein rechtsphilosophischer Essay. Stuttgart 2002, S. 87ff.

206 vgl. hierzu auch das Singer wohlwollend gegenüberstehende Sonderheft „Peter Singer" der Zeitschrift *Aufklärung und Kritik*.

207 vgl. hierzu auch Bruns, Theo / Penselin, Ulla / Sierck, Udo (Hrsg.): Tödliche Ethik. Beiträge gegen Eugenik und Euthanasie. Hamburg. 1993.

[208] Vorausgesetzt ist natürlich eine optimale medizinische Versorgung. Es muss unter allen Umständen verhindert werden, dass das Recht auf Freitod unter der Perspektive ökonomischer Einsparpotentiale diskutiert wird. Hingewiesen sei in diesem Zusammenhang auf die mit dem Ansatz des evolutionären Humanismus im höchsten Maße kompatiblen Forderungen der *Deutschen Gesellschaft für Humanes Sterben* (DGHS), siehe auch deren Webseite: www.dghs.de.

[209] Zur hinkenden Trennung von Staat und Kirche in Deutschland und der massiven Privilegierung der beiden christlichen Großkirchen siehe u. a. Neumann, Johannes: Staat-Kirche-Streitfragen. „es besteht keine Staatskirche" – oder: Papier ist geduldig. In: humanismus aktuell 6/2000; Czermak, Gerhard: Staat und Weltanschauung. Eine Auswahlbibliographie. Aschaffenburg 1993; Frerk, Carsten: Finanzen und Vermögen der Kirchen in Deutschland. Aschaffenburg 2002; Frerk, Carsten: Diakonie und Caritas. Aschaffenburg 2005.

[210] Vgl. Vogelgesang, Waldemar: Importierter Puritanismus. Einwanderung und Religion am Beispiel einer Baptistengemeinde zugewanderter Spätaussiedler. In: MIZ 3/05.

[211] vgl. Kelek, Die fremde Braut.

[212] In diesem Zusammenhang muss man Alice Schwarzer und der *Emma*-Redaktion ein großes Lob aussprechen, da sie auf das Problem des Islamismus in Deutschland schon früh aufmerksam gemacht haben, vgl. hierzu auch Schwarzer, Alice (Hrsg.): Die Gotteskrieger und die falsche Toleranz. Köln 2002.

[213] Dabei darf allerdings nicht übersehen werden, dass sich ein beachtlicher Teil der Migranten als nichtreligiös versteht, weshalb es Unsinn ist, beispielsweise die in Deutschland lebenden türkischen Einwanderer automatisch der Gruppe der Muslime zuzurechnen.

[214] vgl. hierzu vor allem Kelek, Die fremde Braut.

[215] Die Frage „Falls Werteunterricht an Schulen eingeführt wird, sollte dieser religionsneutral sein, also von Katholiken, Protestanten, Muslimen und Konfessionslosen gemeinsam besucht werden" wurde von 86 Prozent der Befragten bejaht; bemerkenswerterweise auch von 82 Prozent der potentiellen CDU-Wähler (vgl. *Berliner Morgenpost* vom 3.4.2005).

[216] Czermak, Gerhard: Ethische Fragen und die Ideologie des Grundgesetzes. Manuskript, S. 1, www.schulfach-ethik.de (2004).

217 Zapatero im Spiegel-Interview, Spiegel-online, 9.11.2004.

218 siehe die entsprechenden Darlegungen im Kapitel „Der Geist ist willig, das Fleisch ist schwach? Warum eine naturalistische Ethik auf 'Moral' getrost verzichten kann".

219 Weitere konkrete politische Forderungen finden sich im „Politischen Leitfaden" des *Internationalen Bundes der Konfessionslosen und Atheisten* (IBKA), siehe: www.ibka.org.

220 Diese und viele weitere relevante statistische Informationen werden ab November 2005 im Datenarchiv der *Forschungsgruppe Weltanschauungen in Deutschland* (fowid) zu finden sein, siehe: www.fowid.de.

221 siehe hierzu die offizielle Beschwerde der *Giordano Bruno Stiftung* an die Intendanten und Rundfunkräte der ARD („Medien beugen sich dem Druck der Kirchen" vom 19.4.2005, siehe auch: www.giordano-bruno-stiftung.de).

222 vgl. Albert, Hans: Traktat über kritische Vernunft. Tübingen 1991.

223 vgl. auch Gould, Darwin nach Darwin, S. 220ff.

224 Damit meine ich nicht, dass es nicht auch heute noch scharfe öffentliche Auseinandersetzungen gibt, vor allem in moralisch aufgeladenen Streitfragen. In solchen Fällen herrscht aber in der Regel keine aufgeklärte rationale Streitkultur vor, sondern ein geradezu hysterisch anmutender Reiz-Reaktions-Mechanismus, in dem Argumente weit weniger zählen als der Grad der zur Schau gestellten moralischen Entrüstung.

225 siehe hiezu auch: Schmidt, Hermann-Josef: Wollen Sie unter der Herrschaft von Ajatollahs oder der Taliban, von Rabbinern oder des „Opus Dei" leben? In: Aufklärung und Kritik 1/2005.

226 vgl. den Deschner-Aphorismus: „Aufklärung ist Ärgernis – wer die Welt erhellt, macht ihren Dreck deutlicher." (Deschner, Karlheinz: Nur Lebendiges schwimmt gegen den Strom. Aphorismen. Basel 1985, S. 10).

227 Zahlenangaben nach Richard Dawkins, vgl. MIZ 4/03, S. 58. Was diese Vertreter des wissenschaftlich-säkularen Denkens (vor allem in Amerika!) zunehmend stört, ist die wachsende Diskrepanz zwischen a) der ökonomischen wie intellektuellen Bedeutung ihrer Arbeit für die Gesellschaft und b) der gleichzeitigen Ächtung des ihren Arbeiten zugrunde liegenden Weltbildes durch maßgebliche Teile der Bevölkerung sowie des politischen Establishments. Um diese Diskrepanz zu

überwinden und den Standpunkt des wissenschaftlichen Denkens in Politik und Gesellschaft besser zu verankern, starteten Richard Dawkins, Daniel Dennett, Massimo Pigliucci und James Randi 2003 einen ungewöhnlichen PR-Feldzug für das wissenschaftliche Denken: Sie initiierten die erste internationale, religionskritisch-naturalistische Intellektuellenbewegung, die „Brights".

Das Kunstwort „Brights" bedeutet in etwa die „Aufgeweckten", „Aufgeklärten", „Hellen" oder „Gescheiten". Als dezidierte Anhänger einer naturalistischen, wissenschaftlichen Weltanschauung haben die „Brights" den vielfältigen Formen der Pseudowissenschaft und religiösen Bigotterie den Kampf angesagt – und das durchaus mit Erfolg: Auch wenn Dawkins' leise Hoffnung, dass in nicht allzu ferner Zukunft vielleicht einmal ein „Heller", „Gescheiter", „Aufgeklärter", amerikanischer Präsident werden könnte, utopisch klingt, so hat die Bewegung in der kurzen Zeit ihres Bestehens doch einiges dazu beitragen können, dass mehr und mehr Wissenschaftlerinnen und Wissenschaftler die Scheu vor der Religionskritik überwunden haben und sich trauen, ihre philosophisch wie wissenschaftlich gut begründeten Positionen offen in Abgrenzung zu den etablierten religiösen Weltbildern zu artikulieren.

Im deutschsprachigen Raum versucht die *Giordano Bruno Stiftung* in eine vergleichbare Richtung zu wirken. Die Stiftung, der zahlreiche renommierte Wissenschaftler, Künstler und Philosophen angehören, sammelt neuste Erkenntnisse der Geistes-, Sozial- und Naturwissenschaften, um ihre Bedeutung für das humanistische Anliegen eines „friedlichen und gleichberechtigten Zusammenlebens der Menschen im Diesseits" herauszuarbeiten. Als „Think-Tank der Aufklärung" hat sich die Stiftung zum Ziel gesetzt, die Grundzüge eines *naturalistischen Weltbildes* sowie einer *säkularen, evolutionär-humanistischen Ethik/Politik* zu entwickeln und nachhaltig in die gesellschaftliche Debatte einzubringen. Die Reaktionen auf die Stiftung aus der Bevölkerung waren bislang vielversprechend. Offensichtlich erkennen heute immer mehr Menschen, dass es so wie bisher nicht mehr weitergehen kann, dass es jenseits von Fundamentalismus und Beliebigkeit befriedigende Antworten auf die existentiellen Probleme des Menschseins im Allgemeinen und die sozialen Dissonanzen in der (Welt-) Gesellschaft im Besonderen geben muss.

[228] Adorno, Theodor W.: Minima Moralia. Reflexionen aus dem beschädigten Leben: In: Adorno, Gesammelte Schriften, Bd. 4, S. 43.

[229] Fromm, Erich: Jenseits der Illusionen. In: Fromm, Gesamtausgabe, Bd. IX, S. 153.

[230] Singer, Peter: Wie sollen wir leben? Ethik in einer egoistischen Zeit. München 2003, S. 251.

[231] ebenda, S. 265.

[232] MEW, Bd. 40, S. 594.

[233] vgl. Albert, Traktat über kritische Vernunft.

[234] Camus, Albert: Der Mythos des Sisyphos. Reinbek 1999, S. 160.

[235] Heine, Heinrich: Deutschland – ein Wintermärchen. In: Heine, Heinrich: Werke in zwei Bänden. Salzburg 1985. Bd. I, S. 35.

Dank und Aufruf zur Diskussion

Das „Manifest des Evolutionären Humanismus“ wurde im Auftrag der *Giordano Bruno Stiftung* geschrieben. Bedanken möchte ich mich bei allen Stiftungsmitgliedern, die das Projekt mit Rat und Tat unterstützten. Verantwortlich für alle verbliebenen Fehler und Unzulänglichkeiten bleibt selbstverständlich allein der Verfasser.

Als Verfechter der kritisch-rationalen Methode ist dieser davon überzeugt, dass das vorliegende „Manifest des Evolutionären Humanismus“ sowohl in formaler wie auch in inhaltlicher Hinsicht verbesserungswürdig ist. Deshalb sind alle Leserinnen und Leser herzlich dazu eingeladen, sich in den notwendigen Prozess der Optimierung der in diesem Buch entfalteten, humanistisch-aufklärerischen Argumentation einzubringen. Die *Giordano Bruno Stiftung* hat für dieses Anliegen eine eigene Internetdomain reserviert: *www.leitkultur-humanismus.de*. Nutzen Sie bitte die Gelegenheit zur Diskussion sowie die Möglichkeit, das Manifest online zu unterzeichnen. Je mehr Menschen sich zu aufklärerisch-humanistischen Werten bekennen, desto leichter wird es sein, die *Leitkultur Humanismus und Aufklärung* in die gesellschaftliche Debatte einzubringen...

Michael Schmidt-Salomon, August 2005

gbs

giordano bruno *stiftung*

Die *Giordano Bruno Stiftung (Stiftung zur Förderung des evolutionären Humanismus)* sammelt neuste Erkenntnisse der Geistes-, Sozial- und Naturwissenschaften, um ihre Bedeutung für das humanistische Anliegen eines „friedlichen und gleichberechtigten Zusammenlebens der Menschen im Diesseits" herauszuarbeiten. Ziel der Stiftung ist es, die Grundzüge eines *naturalistischen Weltbildes* sowie einer *säkularen, evolutionär-humanistischen Ethik/Politik* zu entwickeln und einer interessierten Öffentlichkeit zugänglich zu machen. *Infos unter: www.giordano-bruno-stiftung.de*

Hans Albert

Das Elend der Theologie

Kritische Auseinandersetzung mit Hans Küng
Erweiterte Neuauflage 2005
ISBN 3-86569-001-7, 222 Seiten, kartoniert, Euro 15.-

Franz Buggle

Denn sie wissen nicht, was sie glauben

Oder warum man redlicherweise nicht mehr Christ sein kann. Eine Streitschrift
Überarbeitete und erweiterte Neuauflage 2004
ISBN 3-93271077-0, 446 Seiten, kartoniert, Euro 24.-

Gerhard Czermak

Staat und Weltanschauung, Bd. 2 (1993-1997)

Eine annotierte juristische Bibliographie mit ergänzender nichtjuristicher Literatur
ISBN 3-932710-61-4, 283 Seiten, kartoniert, Euro 32.-

Carsten Frerk

Finanzen und Vermögen der Kirchen in Deutschland

ISBN 3-932710-39-8, 435 Seiten, kartoniert, Euro 24,50

Carsten Frerk

Caritas und Diakonie in Deutschland

Mit einem Vorwort von Johannes Neumann
ISBN 3-86569-000-9, 366 Seiten, kartoniert, Euro 22,50

Colin Goldner

Die Psycho-Szene

ISBN 3-932710-25-8, 652 Seiten, gebunden, Euro 32.-

Hermann Josef Schmidt

Wider weitere Entnietzschung Nietzsches

Eine Streitschrift (*Aufklärungen zu Nietzsche*, Bd. 1)
ISBN 3-932710-26-6, 207 Seiten, kartoniert, Euro 14,50